10フレーズで
楽しいベトナム旅行を

　ベトナムは南北に細長い国なので、各地においてそれぞれ特徴のある景色、自然、文化、食べ物などがあります。ベトナム雑貨や民芸品のショッピング、ベトナム料理、水上人形劇観賞、戦争遺跡めぐりなど、いろいろな面白い過ごし方がありますよ。

　現地でベトナム語を少し話して、ショッピングや食事がしたい。でも、ベトナム語は難しそう。そんなふうに思っている方が多いのではないでしょうか。

　そのようなときに本書が役に立ちます。

　10の基本フレーズを基軸にして、ベトナム語がまったく分からない方でも簡単に「基本フレーズ」と「言い換え単語」でベトナム語の会話文が作れるように工夫されています。さらに旅先で使用する定番表現も多数収録しました。

　また、巻末には旅でよく使われる500語の単語帳がついています。7つの場面に分類しているので、必要な場面で使いたい単語がすぐに引けます。

　なお、すべてのベトナム語には、カタカナ読みを添えてあるので、ベトナム語の文字の声調記号を見ながら、フリガナを読めばOKです！　完璧な発音でなくても意味が通じれば目的は達成できます。万が一、発音が上手くできなくても該当箇所のベトナム語を指でさし示せば大丈夫です。

　覚えた言葉を使って現地の人と意思疎通ができればきっと旅の思い出になることでしょう。ぜひこの本を活用し、素敵な旅の思い出を作ってください。

CONTENTS

本書の使い方　　　　　　　　　　　　　　　　　　　　　　　　　　4

出発24時間前編　　　　　　　　　　　　　　　　　　　　　5

ベトナム語基礎知識　　　　　　　　　　　　　　　　　　　　　　　6
基本の10フレーズ　　　　　　　　　　　　　　　　　　　　　　　10
コミュニケーションに役立つ10の常用フレーズ　　　　　　　　　　20
定番応答フレーズ8　　　　　　　　　　　　　　　　　　　　　　　21
知っておくと便利な表現　（数字／疑問詞／時刻・時間／朝・昼・夜／　22
　　　　　　　　　　　　方向・位置／日付・暦の月／曜日・日）

場面別会話編

● 機内・空港編　　　　　　　　　　　　　　　　　　　　　33

機内で　　　　（場所を聞く／乗務員に用事を頼む／機内食を頼む／飲み物を頼む）　34
到着空港で　　（入国審査／荷物の受け取り／紛失手荷物の窓口で／　　39
　　　　　　　税関審査／通貨を両替する）
空港から市内へ（交通機関の場所を聞く／タクシーの運転手に頼む）　47

● 宿泊編　　　　　　　　　　　　　　　　　　　　　　　49

問い合わせ　　（客室のタイプ／料金を聞く／施設の有無を聞く）　　50
フロントで　　（希望を伝える／館内設備の場所を聞く）　　　　　　54
部屋で　　　　（使いたいと伝える／用事を頼む）　　　　　　　　　57
朝ごはん　　　（朝ごはんを注文する）　　　　　　　　　　　　　　59

● 飲食編　　　　　　　　　　　　　　　　　　　　　　　63

店を探す　　　（店を探す）　　　　　　　　　　　　　　　　　　　64
レストランで　（席のリクエストをする／メニュー／飲み物／前菜・サイドメニュー／　66
　　　　　　　スープ／肉料理／シーフード／野菜料理／麺類／ご飯類・お粥／
　　　　　　　おこわ／食後の飲み物／シントー／チェー／他のデザート）

屋台で	（バインミーを頼む）	88
市場で	（食材を買う）	89

●ショッピング編　　　　　　　　　　　　　　　　　91

店を探す	（ショッピングスポットを探す／専門店を探す）	92
お店で	（服を買う／色／サイズ／素材／デザイン／小物・雑貨／バッグ・靴・アクセサリー／宝石／日用品／化粧品／ラッピングを頼む／アオザイ／ベトナム土産・雑貨）	94

●観光編　　　　　　　　　　　　　　　　　　　　113

観光案内所で	（情報を集める／ツアーの問い合わせ／希望を伝える）	114
観光スポットで	（観光スポットを探す／ハノイ周辺の観光スポット／中部の観光スポット／ホーチミン市周辺の観光スポット／施設について聞く／チケットを買う／博物館・美術館を見学する／許可を得る）	118

●アクティビティ編　　　　　　　　　　　　　　　129

伝統芸能の鑑賞	（劇場の窓口で）	130
リラクゼーション	（予約をする／時間を指定する）	132

●トラブル編　　　　　　　　　　　　　　　　　　135

定番フレーズ	（緊急時／事故のとき／病院で言う／薬局で言う）	136

（付録）すぐに使えるベトナム語旅単語集 500語　　145

本書の使い方

　本書は、「出発24時間前」「場面別会話」「すぐに使える旅単語帳」の3部構成になっています。

1) 出発24時間前編

　本編を始める前に、基本の10フレーズを紹介します。各フレーズについて複数の例文（6〜7文）を載せています。この例文は、「日本語→ベトナム語」の順でCD-1に収録されていますので、音声に続いて繰り返し練習してみましょう。出発24時間前でも間に合いますが、余裕のある人は3日〜1週間前から練習してみるのもいいですね。

　CD-1はほかに、「コミュニケーションに役立つ10の常用フレーズ」、「定番応答フレーズ8」、「知っておくと便利な表現」も収録されています。

2) 場面別会話編「基本フレーズ＋単語」

　海外旅行のシチュエーションを「機内・空港」「宿泊」「飲食」「ショッピング」「観光」「アクティビティ」「トラブル」の7つに分け、各シチュエーションの基本単語を精選して収録しました。どの単語も基本フレーズと組み合わせて使えるようになっています。

> **CD-1には出発24時間前編と場面別会話編の「フレーズ」「言い換え単語」「定番フレーズ」が「日本語→ベトナム語」の順に収録されています。**

3) 巻末付録単語集「すぐに使える旅単語集500語」

　旅でよく使う単語を巻末にまとめました。単語は旅行のシチュエーションごとに分かれているので、旅先で知りたい単語を引くのに便利です。

> **CD-2には巻末付録単語集が「ベトナム語→日本語→ベトナム語」の順に収録してあります。**

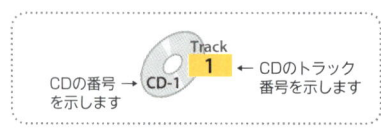

出発24時間前 編

基本の10フレーズ
基本知識を定番表現とまとめてチェック！

「出発24時間前編」はCD-1に対応しています。「本編」で使う基本フレーズを、前もって練習しておきましょう。

😊 言ってみましょう

〈日本語〉→〈ベトナム語〉の順に音声が収録されています。ベトナム語の後に続いて自分でも言ってみましょう。

最後に、「コミュニケーションに役立つ10の常用フレーズ」、「定番応答表現8」、「知っておくと便利な表現」（数字、疑問詞、時間、月日など）が入っています。

ベトナム語基礎知識

　ベトナム語になじみのない方でも、旅先で楽しくコミュニケーションできるようにベトナム語の基礎知識を知っておきましょう。
①～③の色のついているベトナム語がCDに収録してあります。

① ベトナム語の構成

　ベトナム語は母音と子音、声調の3つで成り立っています。すべての語に声調（意味の区別に用いる、音の高低のパターン）がある言語です。声調記号がつかない語でも第1声（平らに伸ばす声調）があります。単独の母音と声調だけで意味のある語を形成します。
　(例) ô (傘 [オー])

② 単母音

　ベトナム語の単母音は12種類あります。aとăは大きな口ではっきりそれぞれa「アー」、ă「アッ」と発音します。eは口を大きく開けたまま「エー」、êはにっこり笑った口で「エー」、iとyはにっこり笑った口で「イー」、ưも同じくにっこり笑った口で「ウー」、uは口笛を吹くように「ウー」、ôは唇を尖らせて「オー」、oは感動の叫びをあげて「オー」、ơとâはぽかんと開けた口でそれぞれơ「オー」、â「オッ」と発音します。

③ 軽く発音する母音としっかり発音する母音

　二重母音（母音が連続して2回続くパターン）では、前の音を後ろの音よりも強くはっきりと発音します。
　(例) nước mắm (魚醤 [ヌクマム])：ươ は二重母音、ă は単母音です。
　　　二重母音の前の音 ư は後ろの ơ よりも強くはっきり発音します。
　(例) khỏe (元気な [コエー])：母音 ỏe は、ỏ は軽く、e は強くはっきり発音します。

④ 末子音

　語の終わりに置かれる音を末子音と言います。本書では、末子音をそれぞれ -p「ップ」、-t「ッ」、-c「ック」、ch「ィック」、nh「イン」、m「ム」、n／ng「ン」と表記しますが、口の構えだけではっきりと発音をしません。

母音声調

ベトナム語には6つの声調があります。声調記号は母音の上または下に付けられます。同じつづりでも声調が変わったら、意味も変わってきます。本書の振り仮名には声調記号が付かないため、話すときにベトナム語を見て声調に注意しましょう。

① [第一声] ma [幽霊] …… 普通の声の高さより、やや高めで平板に発音する。

② [第二声] mà [しかし] … 普通の声の高さより、少し下がり気味に発音する。

③ [第三声] má [頬] …… 普通の声の高さより、少し上がり気味に発音する。

④ [第四声] mả [墓] …… 普通の声の高さより、少し上がってからゆっくり下げて発音する。

⑤ [第五声] mã [馬] …… 普通の声の高さより、少し下がってからゆっくり上げて発音する。

⑥ [第六声] mạ [苗] …… のどを閉じるようにして低めに音を出し、短く切って発音する。

声調の表

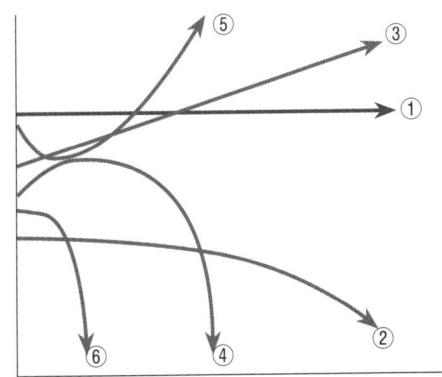

人称代名詞

　ベトナム語では、自分と相手の相対的関係（男女、年齢、社会的地位、親族関係など）や親密の程度によって人称代名詞が使い分けられます。

	単数		複数	
1人称	tôi トイ 私		chúng tôi チュン トイ （聞き手を含まない） 私たち	
			chúng ta チュン ター （聞き手を含む） 私たち	
2人称	ông オーン 年上の男性	bà バー 年上の女性	các ông カック オーン 年上の男性たち	các bà カック バー 年上の女性たち
	anh アイン 同世代の男性	chị チ 同世代の女性	các anh カック アイン 同世代の男性たち	các chị カック チ 同世代の女性たち
		cô コ 未婚の女性		các cô カック コ 未婚の女性たち
3人称	ông ấy オーン エイー 彼	bà ấy バー エイー 彼女	các ông ấy カック オーン エイー 彼ら	các bà ấy カック バー エイー 彼女ら
	anh ấy アイン エイー 彼	chị ấy チ エイー 彼女	các anh ấy カック アイン エイー 彼ら	các chị ấy カック チ エイー 彼女ら
		cô ấy コ エイー 彼女		các cô ấy カック コ エイー 彼女ら

カタカナ読みのルール

　標準ベトナム語は、北部のハノイで話されている言葉ですが、ホーチミン市などの南部の都市では南部の方言が話されています。この本では北部と南部で使われる言葉が違う場合は、(北部)、(南部)と分けています。ベトナム語の標準語になっている北部のハノイの発音に基づいてカタカナ読みをつけています。

- 「da」、「ra」、「gia」は北部と南部で発音の方法が異なりますが、本書では、北部の発音に合わせてすべて「ザ」に統一しています。

- 「sa」、「xa」は北部の発音を基準にするため、すべて「サ」にしています。

- 「da」は「ザ」、「đa」は「ダ」と発音するので注意してください。

- yの前に置かれるăは、「お皿」の記号は省略され、ayと表記するルールがあるため、ayは「アーイー」と発音し、ai「アーイ」と区別されます。ơとâはほぼ同じ発音の単母音ですが、カタカナの読みやすさを考慮し、長母音のơは「オー」、短母音のâは「エ」または「ア」と変換してルビを振っています。

- 6ページの④「末子音」に示したように、語の終わりに置かれる末子音は口の構えだけではっきり発音されません。「-n」、「-ng」は「ン」、「-m」は「ム」、「-nh」は「イン」、「-p」は「ップ」、「-t」は「ッ」と表記しています。

基本の10フレーズ

1 〜ください。
Cho tôi 〜
チョー　トイ

　ショッピングやレストランなどで注文するときによく使われる表現です。Cho tôi 〜 の後にほしいものをつけて言いましょう。お目当ての品物やメニューを指差して、これ［カイ ナイー］、それ［カイ ドー］、あれ［カイ キア］をつければ、指をさすだけでほしい物を伝えることができます。

😀 言ってみましょう

これをください。	Cho tôi cái này. チョー トイ カイ ナイ
あれをください。	Cho tôi cái đó. チョー トイ カイ ド
それをください。	Cho tôi cái kia. チョー トイ カイ キア
1つください。	Cho tôi 1 cái. チョー トイ モッ カイ
コーヒーをください。	Cho tôi cà phê. チョー トイ カ フェー
領収書をください。	Cho tôi hóa đơn. チョー トイ ホア ドン

ヒント！ 2 cái（2つ［ハイカイ］）、3 cái（3つ［バーカイ］）も覚えておくと便利です。

2 ～がしたいです。
Tôi muốn ～
トイ　ムオン

旅先ではしたいことがたくさんありますよね。Tôi muốn［トイ ムオン］の後に動詞をつけると「～がしたい」という意味になります。自分がどこへ行きたいのか、何をしたいかなどの希望をガイドさんや現地の人に伝えてみましょう。

言ってみましょう

CD-1 Track 6

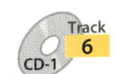

行きたいです。	Tôi muốn đi. トイ　ムオン　ディ
食べたいです。	Tôi muốn ăn. トイ　ムオン　アン
飲みたいです。	Tôi muốn uống. トイ　ムオン　ウオン
水上人形劇を見たいです。	Tôi muốn xem múa rối nước. トイ　ムオン　セム　ムア　ゾイ　ヌオック
写真を撮りたいです。	Tôi muốn chụp ảnh. トイ　ムオン　チュップ　アイン
チェックアウトしたいです。	Tôi muốn trả phòng. トイ　ムオン　チャ　フォン

3 〜ありますか。
Có 〜 không?
コー　　　　コン

お店やレストランなどでお目当ての商品があるかどうかたずねるときに便利な表現です。Có 〜（〜あります［コ］）の後にほしい物の名前を入れ、文末に không［コン］を置きます。Có の前に主語や敬称を加えると丁寧な表現になります。相手が女性なら Chị［チ］、男性なら Anh［アイン］を Có の前に加えてください。

💬 言ってみましょう

日本語新聞はありますか。　　Có báo tiếng Nhật không?
　　　　　　　　　　　　　　コー　バオ　ティエン　ニャッ　コン

フォーはありますか。　　　　Có phở không?
　　　　　　　　　　　　　　コー　フォー　コン

小さいサイズはありますか。　Có cỡ nhỏ không?
　　　　　　　　　　　　　　コー　コー　ニョー　コン

赤色はありますか。　　　　　Có màu đỏ không?
　　　　　　　　　　　　　　コー　マウ　ドー　コン

刺繍はありますか。　　　　　Có đồ thêu không?
　　　　　　　　　　　　　　コー　ドー　テウ　コン

もっと安いものはありますか。Có cái nào rẻ hơn không?
　　　　　　　　　　　　　　コー　カイ　ナオ　ゼー　ホン　コン

④ 〜に〜ありますか。
Ở 〜 có 〜 không?
オー　コー　コン

ホテル内の施設や設備、近隣の施設の有無をたずねるときに使います。Ở 〜（〜に [オ]）の後に gần đây（近所 [ガン デイー]）や khách sạn này（このホテル [カイック サン ナイー]）などの場所を、có の後にたずねたい施設や設備を、文末に không を置きます。

😊 言ってみましょう

近所にコンビニはありますか。	Ở gần đây có cửa hàng tiện ích không? オー ガン デイー コー クア ハン ティエン イック コン
近くにスーパーはありますか。	Ở gần đây có siêu thị không? オー ガン デイー コー シエウ ティ コン
近所にデパートはありますか。	Ở gần đây có trung tâm mua sắm không? オー ガン デイー コー チュンタム ムア サム コン
近くに本屋はありますか。	Ở gần đây có hiệu sách không? オー ガン デイー コー ヒウ サイック コン
ホテルにサウナはありますか。	Ở khách sạn có xông hơi không? オー カイック サン コー ソン ホイ コン
ホテルにレストランはありますか。	Ở khách sạn có nhà hàng không? オー カイック サン コー ニャ ハン コン

5 ～はどこですか。
～ ở đâu?
オー ダウ

場所をたずねるときに使います。ở đâu [オー ダウ] の前にたずねたい場所の名前を入れるだけです。

言ってみましょう

私の席はどこですか。	Chỗ của tôi ở đâu? チョー クア トイ オー ダウ
化粧室はどこですか。	Nhà vệ sinh ở đâu? ニャ ヴェ シン オー ダウ
出口はどこですか。	Lối ra ở đâu? ロイ ザー オー ダウ
荷物の受け取り所はどこですか。	Nơi lấy hành lí ở đâu? ノイ レイー ハイン リー オー ダウ
タクシー乗り場はどこですか。	Bến xe tắc xi ở đâu? ベン セ タッ シー オー ダウ
両替所はどこですか。	Nơi đổi tiền ở đâu? ノイ ドイ ティエン オー ダウ

これは〜ですか。
Cái này là 〜 phải không?
カイ　ナイー　ラー　　　ファイ　　コン

目の前の物についてたずねる表現です。Cái này là 後に名詞を入れ、文末に phải không を置くだけです。cái đó là（それは［カイ ドー ラー］）、cái kia là（あれは［カイ キア ラー］）などを使えば、離れたところにある物についてもたずねることができます。

言ってみましょう

これは何ですか。	Cái này là cái gì? カイ ナイー ラ カイ ジー
これはいくらですか。	Cái này bao nhiêu tiền? カイ ナイー バオ ニィエウ ティエン
これはシルクですか。	Cái này là lụa phải không? カイ ナイー ラー ルア ファイ コン
これは本物ですか。	Cái này là đồ thật phải không? カイ ナイー ラー ドー タッ ファイ コン
これはベトナム産ですか。	Cái này là hàng Việt Nam phải không? カイ ナイー ラー ハン ヴィエッ ナム ファイ コン
これは牛肉ですか。	Cái này là thịt bò phải không? カイ ナイー ラー ティッ ボー ファイ コン

7 これは〜ですか。
Cái này 〜 không?
カイ　ナイー　　　　　コン

フレーズ6の物についてたずねる表現とは違い、辛いか、おいしいか
など状態をたずねるときに使います。〜には主に形容詞が入ります。

😊 言ってみましょう

これは辛いですか。　　　　　Cái này cay không?
　　　　　　　　　　　　　　カイ ナイー カイー コン

これは美味しいですか。　　　Cái này ngon không?
　　　　　　　　　　　　　　カイ ナイー ゴン コン

これは苦いですか。　　　　　Cái này đắng không?
　　　　　　　　　　　　　　カイ ナイー ダン コン

これは安いですか。　　　　　Cái này rẻ không?
　　　　　　　　　　　　　　カイ ナイー ゼー コン

これは面白いですか。　　　　Cái này hay không?
　　　　　　　　　　　　　　カイ ナイー ハイー コン

これは人気がありますか。　　Cái này được ưa chuộng không?
　　　　　　　　　　　　　　カイ ナイー ドゥオック ウア チュオン コン

8 〜してもいいですか。
Tôi 〜 có được không?
トイ　コー　ドゥオック　コン

相手に許可を求めるときに使います。〜には主に動詞を入れます。có sao không〜?（〜しても大丈夫ですか [コ サオ コン]）も同じ使い方です。

言ってみましょう

写真を撮ってもいいですか。　Tôi chụp ảnh có được không?
トイ チュップ アイン コー ドゥオック コン

座ってもいいですか。　Tôi ngồi có được không?
トイ ゴイ コー ドゥオック コン

使ってもいいですか。　Tôi dùng có được không?
トイ ズン コー ドゥオック コン

見てもいいですか。　Tôi xem có được không?
トイ ゼム コー ドゥオック コン

入ってもいいですか。　Tôi vào có được không?
トイ ヴァオ コー ドゥオック コン

タバコを吸ってもいいですか。　Tôi hút thuốc có được không?
トイ フット トゥオック コー ドゥオック コン

～するつもりです。
Tôi định ～
トイ　ディン

今後の予定を伝えるときに使います。Tôi định（～するつもりです［トイ ディン］）の後に動詞を入れます。

😊 言ってみましょう

文廟に行くつもりです。	Tôi định đi Văn Miếu. トイ ディン ディ ヴァン ミエウ
タクシーで行くつもりです。	Tôi định đi bằng tắc xi. トイ ディン ディ バン タックシー
ショッピングをするつもりです。	Tôi định đi mua sắm. トイ ディン ディ ムア サム
ホテルの部屋で休むつもりです。	Tôi định nghỉ ở phòng khách sạn. トイ ディン ギー オ フォン カイッ サン
空港でお土産を買うつもりです。	Tôi định mua quà ở sân bay. トイ ディン ムア クア オー サン バイー
映画を見るつもりです。	Tôi định xem phim. トイ ディン セム フィム

～できますか。
Tôi có thể ～ không?
トイ コー テー コン

このフレーズは主語が「私」のとき、許可を得たいときや、希望が通るかどうかを確認するときに使います。Tôi có thể の後に動詞を入れ、文末に không を置きます。

😊 言ってみましょう

| 7時に予約できますか。 | Tôi có thể đặt lúc 7 giờ không?
トイ コー テー ダッ ルック バイー ゾー コン |

8時に変更できますか。 　Tôi có thể đổi thành 8 giờ không?
　　　　　　　　　　　　トイ コー テー ドイ タイン タム ゾー コン

取り消せますか。　　　 Tôi có thể hủy không?
　　　　　　　　　　　 トイ コー テー フイー コン

入れますか。　　　　　 Tôi có thể vào không?
　　　　　　　　　　　 トイ コー テー ヴァオ コン

何時に来れますか。　　 Mấy giờ có thể đến?
　　　　　　　　　　　 メイー ゾー コー テー デン

何時に見ることができますか。 Mấy giờ có thể xem?
　　　　　　　　　　　　　　 メイー ゾー コー テー セム

明日行けますか。　　　 Ngày mai có thể đi không?
　　　　　　　　　　　 ガイー マイ コー テー ディ コン

コミュニケーションに役立つ 10の通常フレーズ

基本の10フレーズのほかに覚えておきたい、あいさつや便利なフレーズです。このまま覚えて実際に使ってみましょう。

😃 覚えましょう

① こんにちは。　　　　　　Xin chào.
　　　　　　　　　　　　　シン チャオ

② さようなら。　　　　　　Tạm biệt.
　　　　　　　　　　　　　タム ビエッ

③ もう一度言ってください。　Xin nói lại 1 lần nữa.
　　　　　　　　　　　　　シン ノイ ライ モッ ラン ヌア

④ すみません。　　　　　　Xin lỗi.
　（謝るとき）　　　　　　シン ロイ

⑤ すみません。　　　　　　Em ơi.
　（店員を呼んで注文したいとき）エム オイ

⑥ かまいません。　　　　　Không sao.
　　　　　　　　　　　　　コン サオ

⑦ いくらですか。　　　　　Bao nhiêu tiền.
　　　　　　　　　　　　　バオ ニィエウ ティエン

⑧ 何時ですか。　　　　　　Mấy giờ.
　　　　　　　　　　　　　メイー ゾー

⑨ ありがとうございます。　Cảm ơn.
　　　　　　　　　　　　　カム オン

⑩ 要りません。　　　　　　Không cần.
　　　　　　　　　　　　　コン カン

定番応答フレーズ8

返事や応答でよく使う、基本的なフレーズです。知っておくと会話がスムーズに進みます。

😊 覚えましょう

はい。	Vâng. ヴァン
いいえ。	Không. コン
大丈夫です。	Không sao. コン サオ
そうですか。	Vậy à. ヴェイー アー
また来ます。	Tôi sẽ quay lại. トイ セ クアイー ライ
ここです。	Ở đây. オー デイー
そこです。	Ở đó. オー ドー
あそこです。	Ở kia. オー キア

知っておくと便利な表現

①**数字**

小さなお店や観光地のお土産屋の多くは、日本のように値札がついていませんので、その都度、値段を聞かなければなりません。数字を覚えていれば、値段交渉もスムーズにできます。数字の言い方は日本語と同じです。たとえば、2,560の場合、「二千五百六十」をそのままベトナム語に置き換えますので、「ハイギン ナンチャム サウムオイ」になります。

2桁以上の数字で最後が5で終わる場合、特別な言い方をします。「〜5」は「〜ラム」といいます。

0	không コン		10	mười ムオイ
1	một モッ		11	mười một ムオイ モッ
2	hai ハイ		15	mười lăm ムオイ ラム
3	ba バー		20	hai mươi ハイ ムオイ
4	bốn ボン		21	hai mươi mốt ハイ ムオイ モッ
5	năm ナム		100	một trăm モッ チャム
6	sáu サウ		1,000	một nghìn モッ ギン
7	bảy バイー		10,000	mười nghìn ムオイ ギン
8	tám タム		100,000	một trăm nghìn モッ チャム ギン
9	chín チン		1,000,000	một triệu モッ チエウ

②疑問詞の使い方

何	cái gì カイ ジ
どこ	đâu ダウ
だれ	ai アイ
いつ	khi nào キー ナオ
どうやって	thế nào テー ナオ
なぜ	tại sao タイ サオ
いくら	bao nhiêu バオ ニエウ

③時刻・時間

★午前0時から午前11時までを、ベトナム語で読んでみましょう。

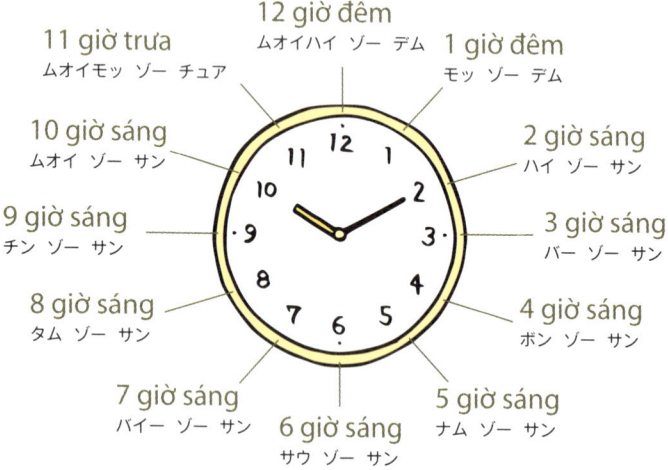

★ベトナムでは以下のような時間帯で朝・昼・午後・夕方・夜の区切りがあります。

午前2時～午前10時	sáng (朝) サン
午前11時～午後1時	trưa (昼) チュア
午後2時～午後6時	chiều (正午～夕方) チェウ
午後7時～午後9時	tối (夜) トイ
午後10時～午前1時	đêm (深夜) デム

★ 正午から午後11時までを、ベトナム語で読んでみましょう。

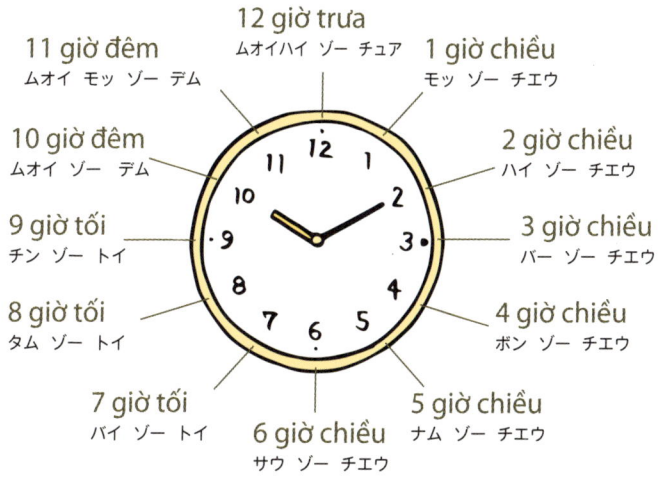

★「何時」は mấy giờ [メイーゾー] といいます。

今は何時ですか。	Bây giờ là mấy giờ? ベイー ゾー ラー メイー ゾー
何時に集合しますか。	Mấy giờ tập trung? メイー ゾー タップ チュン
何時に出発しますか。	Mấy giờ xuất phát? メイー ゾー スアッ ファッ

④朝・昼・夜

朝	sáng サン	夜	tối トイ
昼	trưa チュア	深夜	đêm デム
正午〜夕方	chiều チエウ		

⑤その他時間にまつわる表現

時間（名詞）	tiếng ティエン
1時間	1 tiếng モッ ティエン
1時間半	1 tiếng rưỡi モッ ティエン ズオイ
13時（24時間制）	13 giờ ムオイバ ゾー
1分	1 phút モッ フッ
1秒	1 giây モッ ザイ
1時ちょうど	1 giờ đúng モッ ゾー ドゥン
早い	sớm ソム
遅い	muộn ムオン

知っておくと便利な表現

時間はありますか。
Có thời gian không?
コー トイ ザン コン

1 時間かかります。
Mất 1 tiếng.
マッ モッ ティエン

午後7時15分
7 giờ 15 phút tối
バイ ソー フッ トイ

午後 7 時半
7 giờ rưỡi tối
バイ ソー ズオイ トイ

今の時刻は22時です。
Bây giờ là 22 giờ.
ベイー ソー ラー ハイムオイハイ ソー

では、午後7時15分に会いましょう。
Vậy thì gặp nhau lúc 7 giờ 15 phút tối.
ヴェイー ティ ガップ ニャウ ルック バイー ソー ムオイラム フッ トイ

あと5分で正午です。
Còn 5 phút nữa là 12 giờ trưa.
コン ナム フッ ヌア ラー ムオイハイ ソー チュア

⑥ 方位・位置

前	trước チュオック
後	sau サウ
右	phải ファイ
左	trái チャイ

上	trên チェン
下	dưới ズオイ
中	trong チョン
外	ngoài ゴアイ

⑦ 日付・暦の月

1日	mùng 1 ムン モッ
2日	mùng 2 ムン ハイ
3日	mùng 3 ムン バー
4日	mùng 4 ムン ボン
5日	mùng 5 ムン ナム
6日	mùng 6 ムン サウ
7日	mùng 7 ムン バイー
8日	mùng 8 ムン タム
9日	mùng 9 ムン チン

10日	mùng 10 ムン ムオイ
11日	ngày 11 ガイー ムオイモッ
30日	ngày 30 ガイー バームオイ
何日	ngày mấy ガイー メイー
1月	tháng 1 タン モッ
2月	tháng 2 タン ハイ
3月	tháng 3 タン バー
4月	tháng 4 タン ボン
5月	tháng 5 タン ナム
6月	tháng 6 タン サウ
7月	tháng 7 タン バイー
8月	tháng 8 タン タム
9月	tháng 9 タン チン
10月	tháng 10 タン ムオイ
11月	tháng 11 タン ムオイモッ

12月	:	tháng 12
		タン ムオイハイ
何月	:	tháng mấy
		タン メイー
1982年	:	năm 1982
		ナム モッチンタムハイ／
		ナム モッギンチンチャムタムムオイハイ
2012年	:	năm 2012
		ナム ハイコンモッハイ／
		ナム ハイギンコンチャムムオイハイ
何年	:	năm bao nhiêu
		ナム バオ ニェウ

　ベトナム語で、年月日を表すときは、必ず日付、月、年の順番になります。日付は1日〜10日まではmùng〜〔ムン〕、11日〜31日まではngày〜〔ガイー〕を使います。

　年号の読み方は次の2パターンがあります。
[1982年の読み方]
①1982（モッチンタムハイ）
　「1＝モッ」「9＝チン」「8＝タム」「2＝ハイ」と数字をひとつずつ読む

②1982（モッギンチンチャムタムムオイハイ）
　1000の位、100の位、10の位ごとに読む
　「1000＝ギン」「100＝チャム」「10＝ムオイ」

	年	1×1000	9×100	8×10	2
1982年	năm	một nghìn	chín trăm	tám mươi	hai
	ナム	モッ ギン	チン チャム	タム ムオイ	ハイ

　ベトナムでは、日常生活では陽暦が使われていますが、月の動きをベースにした陰暦を使うこともあります。陰暦はお正月、農作、故人の命日を言うときに使います。陰暦の一ヶ月の日数は29日〜30日であるため、ベトナムの陰暦のお正月は毎年異なる日付になります。

※ 知っておくと便利な表現 ※

⑧ 曜日・日

月曜日	thứ 2 トゥー ハイ
火曜日	thứ 3 トゥー バー
水曜日	thứ 4 トゥー トゥ
木曜日	thứ 5 トゥー ナム
金曜日	thứ 6 トゥー サウ
土曜日	thứ 7 トゥー バイー
日曜日	chủ nhật チュー ニャッ
何曜日	thứ mấy トゥー マイ
今日	hôm nay ホム ナイー
昨日	hôm qua ホム クア
一昨日	hôm kia ホム キア
明日	ngày mai ガイー マーイ
明後日	ngày kia ガイー キア

今週	tuần này	トゥアン ナイー
先週	tuần trước	トゥアン チュオック
今月	tháng này	タン ナイー
先月	tháng trước	タン チュオック
来月	tháng tới	タン トイ
今年	năm nay	ナム ナイー
去年	năm ngoái	ナム ゴアイ
来年	năm tới	ナム トイ

機内・空港 編

　楽しい旅は機内・空港から始まります。ベトナム航空はもちろん、日本の航空会社の便でもベトナム人のフライトアテンダントがいるので、簡単なベトナム語でコミュニケーションできたら、楽しいですね。

機内で

[場所を聞く]

1 私の席はどこですか。

Chỗ của tôi ở đâu?
チョー　クア　トイ　オー　ダウ

ヒント!「私の～」は、ベトナム語で ～ của tôi (の私) と逆の語順になります。「～」のところに名詞を入れます。

言い換え

化粧室	Nhà vệ sinh ニャ ヴェ シン
出口	Lối ra ロイ ザー
非常口	Lối thoát hiểm ロイ トアッ ヒエム

[乗務員に用事を頼む]

2 毛布をください。

Cho tôi cái chăn.
チョー　トイ　カイ　チャン

言い換え

日本語新聞	báo tiếng Nhật バオ ティエン ニャッ
日本語雑誌	tạp chí tiếng Nhật タップ チ ティエン ニャッ
枕	cái gối カイ ゴイ
入国カード	tờ khai nhập cảnh トー カイ ニャップ カイン
税関申告カード	tờ khai thuế トー カイ トゥエ

機内で

機内食を頼む

3 鶏肉をください。

Cho tôi thịt gà.
チョー トイ ティッ ガー

言い換え

牛肉	thịt bò ティッ ボー
魚	cá カー
和食	món ăn Nhật モン アン ニャッ
洋食	món ăn Âu モン アン アウ
お粥	cháo チャオ
チャーハン	cơm rang（北部） コム ザン
	cơm chiên（南部） コム チエン

❈ 機内食について ❈

　ベトナムまでは5、6時間のフライトなので、食事が用意されています。日本からベトナムに行く便は、だいたいランチかディナーの時間なので、しっかりとした洋食か和食の食事が出されます。どちらにもパン、バターとジャムが付くので、ご飯を食べたくない人でも大丈夫でしょう。ベトナムから日本に行く便は深夜にベトナムを出発します。日本に朝早く着くので、軽い朝食が出されます。この場合、チャーハン、お粥、スパゲティの選択が多いです。食事が要らないならば、Không cần（要りません［コン カン］）と言えば大丈夫です。

飲み物を頼む

4 ビールをください。
Cho tôi bia.
チョー トイ ビア

言い換え

オレンジジュース	nước cam ヌオック カム
リンゴジュース	nước táo ヌオック タオ
コーラ	cô ca コ カ
ミネラルウォーター	nước suối / nước khoáng ヌオック スオイ／ヌオック コアン
コーヒー	cà phê カー フェー
紅茶	hồng trà ホン チャ
緑茶	trà チャ
赤ワイン	rượu đỏ ズオウ ドー
白ワイン	rượu trắng ズオウ チャン
もう一杯	1 cốc nữa モッ コック ヌア

機内で

さらに細かい表現

5 砂糖をもっとください。

Cho tôi thêm đường.
チョー トイ テム ドゥオン

言い換え

ミルク	sữa スア
レモン	chanh チャイン
こしょう	tiêu ティエウ
塩	muối ムオイ

定番フレーズ　　Track 24　CD-1

他の乗客に頼む

◎ 座席を倒してもいいですか。
　Tôi ngả ghế có được không?
　トイ ガー ゲー コ ドゥオック コン

◎ 席を替わってもらえますか。
　Anh/Chị đổi chỗ cho tôi có được không?
　アイン/チ ドイ チョー チョ トイ コ ドゥオック コン

◎ すみません（通してください）。
　Xin lỗi (cho tôi đi qua).
　シン ロイ（チョー トイ ディ クア）

● 機内の単語

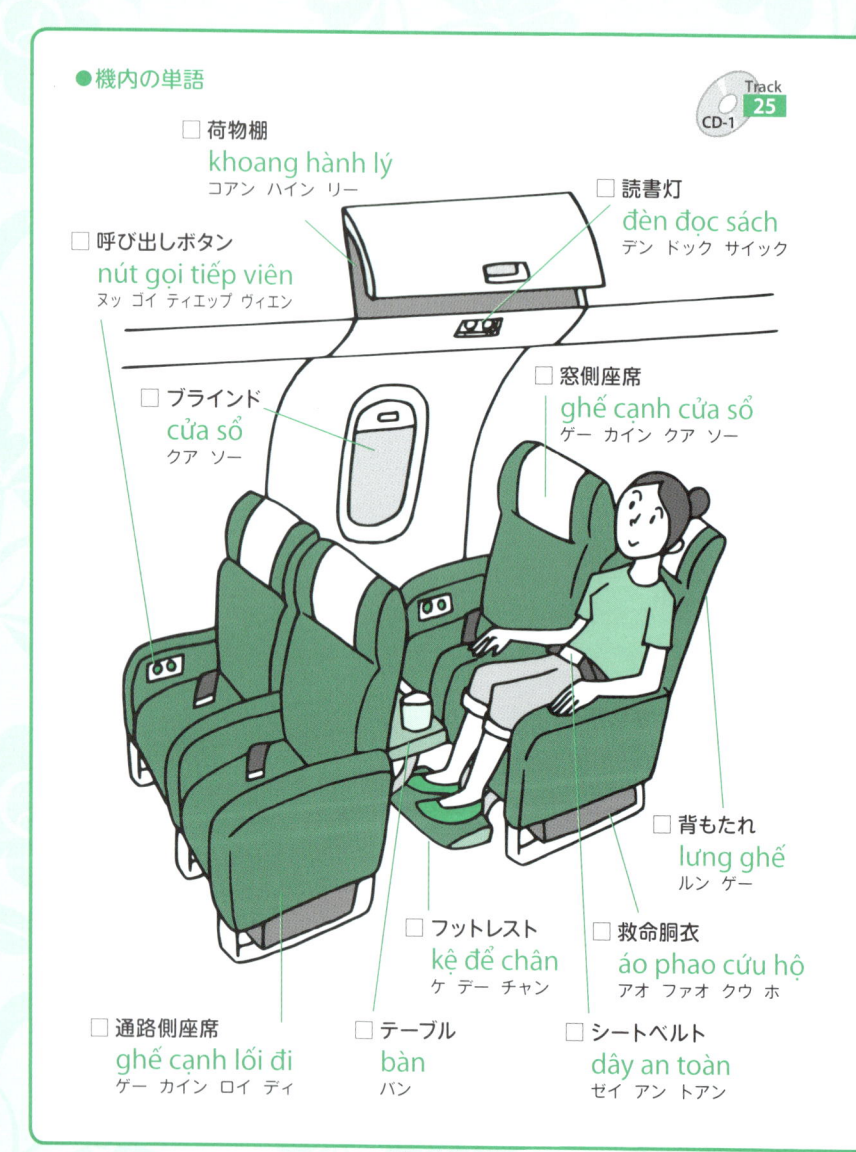

□ 荷物棚
khoang hành lý
コアン ハイン リー

□ 読書灯
đèn đọc sách
デン ドック サイック

□ 呼び出しボタン
nút gọi tiếp viên
ヌッ ゴイ ティエップ ヴィエン

□ ブラインド
cửa sổ
クア ソー

□ 窓側座席
ghế cạnh cửa sổ
ゲー カイン クア ソー

□ 背もたれ
lưng ghế
ルン ゲー

□ 救命胴衣
áo phao cứu hộ
アオ ファオ クウ ホ

□ 通路側座席
ghế cạnh lối đi
ゲー カイン ロイ ディ

□ テーブル
bàn
バン

□ フットレスト
kệ để chân
ケ デー チャン

□ シートベルト
dây an toàn
ゼイ アン トアン

到着空港で

入国審査

① 観光です。（入国審査官による入国目的の質問に対する答え）

Du lịch.
ズー リック

言い換え

仕事	Công việc コン ヴィエック
留学	Du học ズー ホック
ビジネス	Kinh doanh キン ゾアイン

② 3日間です。（入国審査官による滞在期間の質問に対する答え）

3 ngày.
バー ガイー

言い換え

4日間	4 ngày ボン ガイー
5日間	5 ngày ナム ガイー
1週間	1 tuần モッ トゥアン
2週間	2 tuần ハイ トゥアン
ひと月	1 tháng モッ ターン

3 日航ホテルです。(入国審査官による宿泊先の質問に対する答え)

Khách sạn Nikko.
カイック サン ニッコウ

言い換え

ヒルトンホテル	Khách sạn Hilton カイック サン ヒントン
シェラトンホテル	Khách sạn Sheraton カイック サン シェラトン
大学の寄宿舎	Kí túc xá đại học キー トゥック サー ダイ ホック
友人の家	Nhà bạn ニャ バン
親戚の家	Nhà họ hàng ニャ ホ ハン

到着空港で

4 私は<u>公務員</u>です。（入国審査官による職業の質問に対する答え）

Tôi là công chức.
トイ ラー コン チュック

言い換え

会社員	nhân viên công ty ニャン ヴィエン コン ティ
システムエンジニア	kĩ sư hệ thống キー スー ヘ トン
学生	học sinh ホック シン
医者	bác sĩ バック シー
看護師	y tá イー ター
専業主婦	nội trợ ノイ チョ
教師	giáo viên ザオ ヴィエン
定年退職者	người nghỉ hưu グオイ ギー フー

[荷物の受け取り]

5 荷物の受取所はどこですか。

Chỗ nhận hành lí ở đâu?
チョー　ニャン　ハイン　リー　オー　ダウ

言い換え

VN954便のターンテーブル	Chỗ nhận hành lí của chuyến bay VN954 チョー ニャン ハイン リー クア チュイエン バイー ヴェ エヌ チンナムボン
紛失手荷物の窓口	Nơi khai báo hành lí thất lạc ノイ カーイ バオ ハイン リー タッ ラック

[紛失手荷物の窓口で]

6 黒いスーツケースです。（荷物のタイプの質問に答えて）

Chiếc va li màu đen.
チエック　ヴァリー　マウ　デン

言い換え

紺色の	màu xanh thẫm マウ サイン タム
シルバーの	màu bạc マウ バック
赤い	màu đỏ マウ ドー
大きい	to トー
小さい	nhỏ ニョー
革製の	bằng da バン ザー

到着空港で

[税関審査]

7 ウイスキーを1本持っています。（入国審査官による入国目的の質問に対する答え）

Tôi mang 1 chai Whisky.
トイ　マン　モッ チャイ　ウイスキー

言い換え

タバコ1カートン	1 tút thuốc lá モッ トゥッ トゥオック ラー
ワイン2本	2 chai rượu vang ハイ チャイ ズオウ ヴァン
日本酒1本	1 chai sake モッ チャイ サケ
カメラ2台	2 chiếc máy ảnh ハイ チエック マイー アイン
50万円	50 vạn yên ナンムオイ ヴァン イエン

❀ベトナムの消費税❀

　商品やサービスによって10〜20%の付加価値税（VAT）がかかりますが、観光客が買い物をするような額にはほとんど適用されていません。観光客がVATを支払うのは、中・高級ホテルや高級レストランでの支払いのときだけです。
　VATの返還制度は2012年7月1日からハノイのノイバイ空港とホーチミン市のタンソンニャット空港で始まりました。

8 身の回りのものです。(荷物についての質問に対する答え)

Đồ dùng hàng ngày.
ドー　ズン　ハン　ガイー

友達へのお土産	Quà cho bạn クアー チョー バン
日本のお菓子	Bánh Nhật バイン ニャッ
常備薬	Thuốc dự phòng トゥオック ズ フォン
ゲーム	Game ゲーム
化粧品	Mĩ phẩm ミー ファム

[通貨を両替する]

9 両替所はどこですか。

Quầy đổi tiền ở đâu?
クエイー　ドイ ティエン　オー　ダウ

銀行	Ngân hàng ガン ハーン
ホテルのフロント	Lễ tân khách sạn レー タン カイック サン

到着空港で

⑩ ドンに換えてください。

Đổi giùm tôi sang Đồng.
ドイ　ズム　トイ　サン　　ドン

言い換え	米ドル	Đô la Mĩ ドー ラー ミー
	日本円	Yên Nhật イエン ニャッ
	ユーロ	Ơ-rô オロ
	香港ドル	Đô la Hồng Kông ドー ラー ホン コン
	シンガポールドル	Đô la Sing-ga-po ドー ラー シンガポ
	オーストラリアドル	Đô la Úc ドー ラー ウック
	現金	Tiền mặt ティエン マッ

⑪ 領収書をください。

Cho tôi hóa đơn.
チョー トイ ホア ドン

言い換え		
	小銭	tiền lẻ ティエン レー
	両替控え	sao kê đổi tiền サオ ケー ドイ ティエン

❀ベトナムのお金❀

　ベトナムの通貨単位はドン (Dong＝VND) です。紙幣と硬貨があります。紙幣は100、200、500、1000、2000、5000、1万、2万、5万、10万、20万、50万ドンの14種類があります。200ドン札と500ドン札は日本の5円玉と同じように、お寺での参拝によく使われています。1万ドン札、2万ドン札と50万ドン札は紙でつくられているタイプとポリエステルでつくられているタイプの2種類あります。他の紙幣は紙でしかつくられていません。

　硬貨は、自動販売機などが普及していないことなどにより、使い道があまりない上に重くて落としやすいため、ベトナム人に人気がありません。一応流通していますが、おつりでもらうときにだいたい断るか、募金箱に入れてしまうことが多いです。

空港から市内へ

[交通機関の場所を聞く]

① タクシー乗り場はどこですか。

Bến taxi ở đâu?
ベン タックシー オー ダウ

[タクシーの運転手に頼む]

② トランクを開けてください。

Hãy mở cốp xe ra.
ハイ モー コー セッ ザ

言い換え

メーターを押して	bật đồng hồ tính cước
	バット ドン ホー ティン クオック
荷物を入れて	cho hành lí vào
	チョー ハイン リー ヴァオ
荷物をおろして	cho hành lí xuống
	チョー ハイン リー スオン
ここに連れて行って	dẫn đến đây
	ザン デン デイー
ここに停めて	đỗ ở đây
	ドー オー デイー

❁空港から市内へ行き方❁

ベトナムの空港はだいたい市街の近くにあります。空港にはシャトルバスがないため、タクシーでの移動がベストです。ベトナムのタクシーは、自動ドアではないので、自分でドアを開け閉めをしましょう。タクシーに乗るときは小銭を用意したほうがいいでしょう。支払いで大きな額のお札を出すと、運転手が小銭を持っていない場合、お釣りがもらえない可能性があります。

また、路線バスを利用するのは現地の情報に詳しくない人にはあまりお勧めできません。外国語の案内がない上、地元の住民も利用するので、混雑するからです。重い荷物を持っている外国人旅行者は乗り損なってしまうことが多いので、慣れていない人は乗らないほうがいいでしょう。

③ レックスホテルまでお願いします。

Cho tôi đến khách sạn Rex.
チョー　トイ　デン　カイック　サン　レックス

メリアホテル	khách sạn Melia カイック サン メリア
ソフィテルプラザホテル	khách sạn Sofitel Plaza カイック サン ソフィテル プラザ
インターコンチネンタルホテル	khách sạn InterContinental カイック サン インタコンティネン
デーウーホテル	khách sạn Daewoo カイック サン ダーウー
メトロポールホテル	khách sạn Metropole カイック サン メチョポン
グランドプラザホテル	khách sạn Grand Plaza カイック サン グラン プラザ
ホリゾンホテル	khách sạn Horison カイック サン ホリゾン

宿泊編

　ベトナムの観光地にあるホテルは、たいてい英語が通じますが、日本語が通じるホテルがまだ少ないのが現状です。特に、地方のホテルや現地の人が利用するような格安ホテルは、日本語はもちろん、英語でも通じないのが普通です。
　このコーナーの単語やフレーズを使って簡単な用件をベトナム語で伝えてみましょう。

問い合わせ

[客室のタイプ]

① ツインルームをお願いします。

Cho tôi phòng 2 giường.
チョー トイ　フォン　ハイ　ズオン

言い換え

シングルルーム	phòng đơn フォン ドン
ダブルルーム	phòng đôi フォン ドイ
トリプルルーム	phòng 3 giường フォン バー ズオン
禁煙ルーム	phòng không hút thuốc フォン コン フッ トゥオック
喫煙ルーム	phòng hút thuốc フォン フッ トゥオック
街が見える部屋	phòng nhìn thấy đường phố フォン ニン タイー ドゥオン フォー
海が見える部屋	phòng nhìn thấy biển フォン ニン タイー ビエン
庭が見える部屋	phòng nhìn thấy vườn フォン ニン タイー ヴオン
一番安い部屋	phòng rẻ nhất フォン ゼー ニャッ
高層階の部屋	phòng tầng cao フォン タン カオ

問い合わせ

料金を聞く

② 1泊あたりいくらですか。

Một đêm bao nhiêu tiền?
モッ　デム　バオ　ニィェウ　ティエン

言い換え

1人あたり	1 người
	モッ　グオイ
1部屋あたり	1 phòng
	モッ　フォン
前金	Đặt cọc
	ダッ　コック
エキストラベッド	Giường thêm
	ズオン　テム

③ 税金込みですか。

Có bao gồm thuế không?
コ　バオ　ゴム　トゥエ　コン

言い換え

サービス料	phí dịch vụ
	フィー　ジック　ヴ
朝食代	tiền bữa sáng
	ティエン　ブア　サン

❀ 客室料金 ❀

ホテルの料金は、1人あたりではなく、1部屋あたりで払うことになっています。部屋ごとに決まっている宿泊人数以上で泊まりたい場合、エキストラベッド料金を払えば大丈夫です。宿泊料金に朝食代が必ずしも含まれているとは限らないので、予約するときに確認したほうがいいでしょう。宿泊代金には、たいてい税金（10%）とサービス料（5%）が加算されていません。支払うときに注意しましょう。

施設の有無を聞く

3 サウナはありますか。

Có phòng xông hơi không?
コ　　フォン　　ソン　　ホイ　　コン

ヒント! 有無をたずねる場合は、文末にkhôngをつけましょう。

言い換え

トレーニングジム	**phòng tập thể dục** フォン　タップ　テー　ズック
プール	**bể bơi** ベー　ボイ
マッサージルーム	**phòng mát-xa** フォン　マッサー
エステ	**thẩm mỹ viện** タム　ミー　ヴィエン
コーヒーラウンジ	**nhà hàng cà phê** ニャ　ハン　カ　フェ

問い合わせ

●ホテルロビーの単語

□ レセプショニスト
lễ tân
レ タン

□ キャッシャー
thu ngân
トゥー ガン

□ 客室係
nhân viên dọn phòng
ニャン ヴィエン ゾン フォン

□ ドアマン
nhân viên gác cửa
ニャン ヴィエン ガック クア

□ フロントデスク
quầy lễ tân
クァイ レ タン

□ ベルボーイ
nhân viên trực tầng
ニャン ヴィエン チュック タン

□ コンシェルジュ
nhân viên chăm sóc khách hang
ニャン ヴィエン チャム ソック カィック ハン

□ ロビー
sảnh
サイン

フロントで

希望を伝える

1 **チェックイン**をしたいのですが。

Tôi muốn nhận phòng.
トイ　ムオン　ニャン　フォン

言い換え

チェックアウトをする	trả phòng チャ フォン
予約をする	đặt phòng ダッ フォン
キャンセルをする	hủy đặt phòng フイー ダッ フォン
インターネットを使う	dùng internet ズン インタネッ
ファックスを送る	gửi FAX グイ ファック
部屋を替える	đổi phòng ドイ フォン
国際電話をかける	gọi điện thoại quốc tế ゴイ ディエン トアイ クオック テー
現金で支払う	trả bằng tiền mặt チャ バン ティエン マッ
クレジットカードで支払う	trả bằng thẻ tín dụng チャ バン テー ティン ズン
延泊する	ở thêm オー テム

フロントで

② カギをください。
Cho tôi chìa khóa.
チョー　トイ　チア　コア

言い換え

地図	bản đồ バン ドー
領収書	hóa đơn ホア ドン
ハガキ	bưu thiếp ブウ ティエップ
名刺	danh thiếp ザイン ティエップ

③ 部屋につけてもらえますか。
Tính vào tiền phòng giúp tôi được không?
ティン　ヴァオ　ティエン　フォン　ズップ　トイ　ドゥオック　コン

言い換え

荷物を預かって	Giữ hành lí ズー ハイン リー
タクシーを呼んで	Gọi tắc-xi ゴイ タック シー
部屋まで運んで	Mang lên phòng マン レン フォン

[館内設備の場所を聞く]

❹ レストランはどこですか。
Nhà hàng ở đâu?
ニャ　ハン　オー　ダウ

言い換え		
	フロント	Lễ tân レ タン
	トイレ	Nhà vệ sinh ニャ ヴェ シン
	コーヒーショップ	Cửa hàng cà phê クア ハン カー フェー
	エレベーター	Cầu thang máy カウ タン マイー
	サウナ	Phòng xông hơi フォン ソン ホイ
	バー	Quán bar クアン バー
	ナイトクラブ	Hộp đêm ホップ デム

部屋で

[使いたいと伝える]

①　ドライヤーを貸してください。

Cho tôi mượn máy sấy tóc.
チョー　トイ　ムオン　マイー　セイー　トック

言い換え

アイロン	bàn là バン ラー
体温計	cặp nhiệt độ カップ ニエッ ド
プラグの変換アダプター	ổ cắm đổi オー カム ドイ

❈ ベトナムの電圧とプラグ ❈

　日本の電気製品の電圧は通常、100V～110Vですが、ベトナムの電圧はほとんど200V～240Vなので、ベトナムに持って行く電化製品は何ボルト対応のものなのかを調べたほうがいいでしょう。100V～240V対応の電化製品は変圧器がなくても使えます。また、ベトナムのプラグは日本のプラグとは違う場合が多いため、変換アダプターを持って行くと便利です。

| 用事を頼む |

❷ モーニングコールをお願いします。

Làm ơn gọi tôi dậy buổi sáng.
ラム　オン　ゴイ　トイ　ゼイー　ブオイ　サン

言い換え

| ドライクリーニング | : giặt khô
: ザット　コー

| アイロンがけ | : là quần áo
: ラー　クアン　アオ

| ルームサービス | : phục vụ tại phòng
: フック　ヴ　タイ　フォン

❸ 8時にお願いします。

Lúc 8 giờ.
ルック　タム　ゾー

言い換え

| 7時半 | : 7 rưỡi
: バイー　ズオイ

| 10時20分 | : 10 giờ 20
: ムオイ　ゾー　ハイムオイ

| 12時（正午） | : 12 giờ trưa
: ムオイハイ　ゾー　チュア

朝ごはん

[朝ごはんを注文する]

1 フォーをください。

Cho tôi phở.
チョー トイ フォー

目玉焼き	trứng ốp lết チュン オップ レッ
お粥	cháo チャオ
フレンチトースト	bánh mỳ tẩm trứng バイン ミー タム チュン
バター	bơ ボー
ジャム	mứt ムッ
ヨーグルト	sữa chua スア チュア
ゆで卵	trứng luộc チュン ルオック
コーヒー	cà phê カー フェー

❀ フォー ❀

ベトナムのフォーは世界中で有名なので、中・高級ホテルでは、必ずと言っていいほど朝食ビュッフェに出ます。定番になっているのは、牛肉のフォー（"Phở bò"[フォー ボー]）と鶏肉のフォー（"Phở gà"[フォー ガー]）です。ちょっとライムをしぼったり、チリソースを入れたりするのがおすすめです。

定番フレーズ

困ったときに使う

◎ お湯が出ません。
Không có nước nóng.
コン コー ヌオック ノン

◎ テレビがつきません
Ti vi không lên.
ティ ヴィ コン レン

◎ エアコンが効きません。
Điều hòa không hoạt động.
ディエウ ホア コン ホアッ ドン

◎ 電話がつながりません。
Điện thoại không gọi được
ディエン トアイ コン ゴイ ドゥオック

◎ ネットがつながりません。
Không kết nối được internet.
コン ケッ ノイ ドゥオク インタネッ

◎ カギを部屋の中に置いてきてしまいました。
Tôi để quên chìa khóa trong phòng.
トイ デー クエン チア コア チョン フォン

◎ トイレが流れません。
Nước toilet không chảy.
ヌオック トイレッ コン チャイー

◎ 電球が切れています。
Bóng đèn bị cháy.
ボン デン ビ チャイー

◎ 冷蔵庫が壊れています。
Tủ lạnh bị hỏng.
トゥー ライン ビ ホン

◎ ポットが使えません。
Bình đun nước không dùng được.
ビン ドゥン ヌオック コン ズン ドゥオック

◎ 隣の部屋がうるさいです。
Phòng bên ồn ào quá.
フォン ベン オン アオ クア

客室で

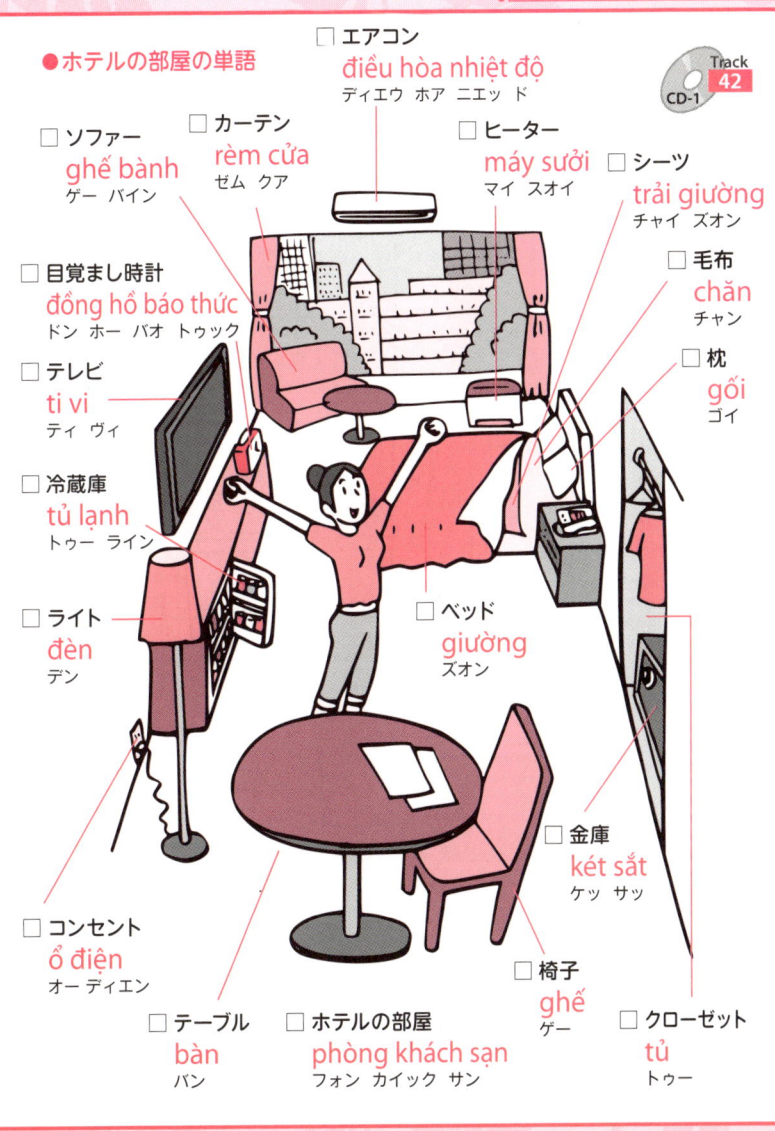

●ホテルの部屋の単語

- □ エアコン
  điều hòa nhiệt độ
  ディエウ ホア ニエッ ド

- □ ソファー
  ghế bành
  ゲー バイン

- □ カーテン
  rèm cửa
  ゼム クア

- □ ヒーター
  máy sưởi
  マイ スオイ

- □ シーツ
  trải giường
  チャイ ズオン

- □ 目覚まし時計
  đồng hồ báo thức
  ドン ホー バオ トゥック

- □ 毛布
  chăn
  チャン

- □ テレビ
  ti vi
  ティ ヴィ

- □ 枕
  gối
  ゴイ

- □ 冷蔵庫
  tủ lạnh
  トゥー ライン

- □ ライト
  đèn
  デン

- □ ベッド
  giường
  ズオン

- □ 金庫
  két sắt
  ケッ サッ

- □ コンセント
  ổ điện
  オー ディエン

- □ テーブル
  bàn
  バン

- □ ホテルの部屋
  phòng khách sạn
  フォン カイック サン

- □ 椅子
  ghế
  ゲー

- □ クローゼット
  tủ
  トゥー

●バスルームの単語

- □ タオル — khăn (カン)
- □ ひげ剃り — dao cạo (ザオ カオ)
- □ ドライヤー — máy sấy tóc (マイー セイー トック)
- □ シャワー — vòi sen (ヴォイ セン)
- □ シャンプー — dầu gội (ザウ ゴイ)
- □ コンディショナー — dầu xả (ザウ サー)
- □ ボディーソープ — sữa tắm (スア タム)
- □ 石けん — xà phòng bánh (サー フォン バイン)
- □ バスタブ — bồn tắm (ボン タム)
- □ バスルーム — phòng tắm (フォン タム)
- □ 綿棒 — bông ngoáy tai (ボン ゴアイー タイ)
- □ 洗面台 — bồn rửa mặt (ボン ズア マッ)
- □ 歯ブラシ — bàn chải đánh răng (バン チャイ ダイン ザン)
- □ 鏡 — gương (グオン)
- □ くし — lược (ルオック)
- □ 便器 — bồn vệ sinh (ボン ヴェ シン)

飲食編

　ベトナム料理は、中国とフランスの食文化の影響を受けており、マイルドな味付けが特徴です。

　ベトナムは南北に長い国なので、気候が食習慣に影響しています。北部は塩辛い味付け、中部は唐辛子を使った辛い味付け、南部は砂糖や唐辛子を使った甘辛い味付け、と地方ごとに味付けの仕方に特徴があります。フエは宮廷料理の影響を受けています。

　このコーナーの単語を活用して、本場のグルメを心ゆくまで堪能してください。

店を探す

店を探す

1 フォーの店はありますか。

Có hàng phở không?
コー　ハン　フォー　コン

言い換え

巻きフォー	phở cuốn フォー　クオン
焼豚肉のビーフン	bún chả ブン　チャ
フエ風牛肉のビーフン	bún bò Huế ブン　ボー　フェ
ベトナム風お好み焼き	Bánh xèo バイン　セオ
チャカラボン	chả cá Lã Vọng チャー　カー　ラー　ヴォン

❈ベトナム料理を楽しもう ①❈

巻きフォー：フォーといえば、お米で作られるフォーの麺が牛肉や鶏肉のスープに入ったものをイメージする方が多いと思いますが、もうひとつ、フォーのおいしい食べ方があります。フォーの麺を平べったくして野菜と肉を巻く食べ方です。生春巻きよりも皮が柔らかくてプルプルしています。若い人に特に人気があります。

チャカラボン：北部のハノイ名物の雷魚の油鍋。ウコンで味付けした雷魚の切り身を香草のディルやコリアンダーと一緒に炒め、お米でできたブンという麺と共にタレやピーナッツを添えて食べます。

店を探す

ミークアン	**Mì Quảng** ミー クアン
フティエウ	**Hủ tiếu** フー ティエウ
ブンボーナムボ	**Bún bò Nam bộ** ブン ボー ナム ボ
バインカイン	**Bánh canh** バイン カイン
宮廷料理	**món ăn cung đình** モン アン クン ディン

❀ ベトナム料理を楽しもう ② ❀

ミークアン：中部のホイアンやダナンの代表的な汁なし麺。お米でできた柔らかい麺にピーナッツやタレを絡めて食べます。

フティエウ：北部の代表的な麺のメニューはフォーですが、南部の代表的な麺はフティエウです。フティエウの麺もフォーと同じように、お米でできたものですが、生ではなく半干をしているため、麺にコシがあります。

ブンボーナムボ：牛肉の汁の入っていない生ビーフンの料理です。具は甘じょっぱい味で炒めた牛肉と野菜で、香草、砕いたピーナッツなどをのせて食べます。

バインカイン：ダナンや南部で有名な麺のメニューです。麺はうどんのようにちょっと太めです。お米とタピオカの粉でできたので、透明感があり、モチモチしています。スープはエビやカニと豚骨のベースで、少し辛いです。

レストランで

[席のリクエストをする]

1 禁煙席をお願いいたします

Cho tôi chỗ không hút thuốc.
チョー トイ チョ コン フッ トゥオック

言い換え	喫煙席	chỗ được hút thuốc チョ ドゥオック フッ トゥオック
	窓側の席	chỗ cạnh cửa sổ チョ カイン クア ソー
	個室	phòng riêng フォン ジエン

❀ ベトナムのメニュー ❀

　レストランではメニューがありますが、屋台の場合はほとんどメニューがないか、黒板に書いてあることが多いです。メニューがあっても、日本のレストランと違って写真がついてないため、料理がどういうものなのか、想像できない場合があります。何を食べたいか事前にチェックしてその食べ物の名前をベトナム語で覚えておくこともいいですが、右ページのメニューの読み方を覚えてオーダーするのもいいでしょう。素材、調理法などを順に組み合わせているので、解読はそれほど難しくありません。ぜひメニューを見て注文してみましょう。

レストランで

メニューを頼む

② メニューをください

Cho tôi thực đơn.
チョー　トイ　トゥック　ドン

言い換え

日本語のメニュー	:	thực đơn tiếng Nhật トゥック　ドン　ティエン　ニャッ
英語のメニュー	:	thực đơn tiếng Anh トゥック　ドン　ティエン　アイン
ドリンクメニュー	:	thực đơn đồ uống トゥック　ドン　ドー　ウオン
ランチメニュー	:	thực đơn bữa trưa トゥック　ドン　ブア　チュア
子供用メニュー	:	thực đơn trẻ em トゥック　ドン　チェ　エム
デザートメニュー	:	thực đơn tráng miệng トゥック　ドン　チャン　ミエング

◇メニューの読み方◇

メイン素材		調理法		サブ素材		香味料
bò 牛肉		xào 炒め				
bò 牛肉	＋	xào 炒め	＋	cần tây セロリ	＋	
sườn スペアリブ		sốt 温める		chua ngọt 甘酸っぱい		
tôm エビ		chiên 揚げる		sả レモングラス		ớt 唐辛子

機内・空港編

宿泊編

飲食編

ショッピング編

観光編

アクティビティ編

トラブル編

旅単語帳

[飲み物を頼む]

3 生ビールをください。
Cho tôi bia tươi.
チョー　トイ　ビア　トゥオイ

瓶ビール	bia chai ビア チャイ
缶ビール	bia lon ビア ロン
赤ワイングラス	li vang đỏ リー ヴァン ドー
白ワインボトル	chai vang trắng チャイ ヴァン チャン
オレンジジュース	nước cam ヌオック カム
サトウキビジュース	nước mía ヌオック ミア
パッションフルーツジュース	nước chanh leo ヌオック チャイン レオ
ココナッツジュース	nước dừa ヌオック ズア
冷たいお茶	trà đá チャ ダー

❀ ベトナムのビール ❀

　サイゴンビール、333（バー バー バー）ビール、ハノイビールが有名です。ベトナムでは普通、ビールが冷えていないので氷を入れて飲みます。また、ビアホイという屋台で売っている生ビールもあります。屋台でビアホイを飲みながらベトナムの街や現地の人々の様子を眺めるのも楽しい過ごし方です。

レストランで

[前菜・サイドメニューを頼む]

❹ 生春巻きをください。
Cho tôi gỏi cuốn.
チョー トイ ゴイ クオン

言い換え

揚げ春巻き	nem rán (北部) / chả giò (南部)
	ネム ザーン　　　　チャ ゾー
海老すり身の サトウキビ巻き	chạo tôm チャオ トム
蒸し春巻き	bánh cuốn バイン クオン
ホワイトローズ	bánh bông hồng trắng バイン ボン ホン チャン
カオラウ	cao lầu カオ ラウ
青パパイヤのサラダ	nộm đu đủ ノム ドゥー ドゥー
ハスの茎のサラダ	nộm ngó sen ノム ゴー セン
空芯菜のサラダ	nộm rau muống ノム ザウ ムオン

❊ベトナム料理を楽しもう ③❊

ホワイトローズ：エビのすり身をワンタンのような米で作った皮で包んで蒸したもの。見た目が白いバラの花びらに似ていることからその名で呼ばれています。タレは薄味のヌクマムが合います。
カオラウ：うどんのようにコシのある麺の上に主にチャーシュー、揚げたライスペーパー、もやし、香草が入っています。スープは少量で味が濃いので、麺によく染み込むのが特徴です。

[スープを頼む]

5 カニのスープをください。

Cho tôi súp cua.
チョー トイ スップ クア

言い換え

ウナギのスープ	súp lươn スップ ルオン
シジミのスープ	canh hến カイン ヘン
ツルムラサキのスープ	canh mồng tơi カイン モン トイ
ゴーヤの肉詰めスープ	canh khổ qua nhồi thịt カイン コー クア ニョイ ティッ
甘酸っぱいスープ	canh chua カイン チュア

レストランで

[肉料理を頼む]

6 ボラロットをください。

Cho tôi bò lá lốt.
チョー トイ ボー ラー ロット

言い換え

牛肉のセロリ炒め	bò xào cần tây ボー サオ カン テイー
牛肉の玉ねぎ炒め	bò xào hành tây ボー サオ ハイン テイー
牛肉のパイナップル炒め	bò xào dứa ボー サオ ズア
鶏肉の塩炒め	gà rang muối ガー ザン ムオイ
鶏肉の生姜炒め	gà rang gừng ガー ザン グン
鳥手羽先のヌクマム揚げ	cánh gà chiên nước mắm カイン ガー チエン ヌオック マム
豚スペアリブの甘酸っぱい炒め	sườn sốt chua ngọt スオン ソッ チュア ゴッ
豚肉のココナッツジュース煮	thịt kho nước dừa ティッ コー ヌオック ズア
豆腐の肉詰めトマトソース煮	đậu nhồi thịt sốt cà ダウ ニョイ ティッ ソッ カー

❁ ベトナム料理を楽しもう ④ ❁

ボラロット：ロットというコショウ科の葉で牛肉のミンチを巻き、炭火で焼いたり、少なめの油で揚げた料理です。塩こしょうの味つけをしていますが、お好みで魚醤（ヌクマム）をつけて食べてもおいしいです。

> シーフードを頼む

❼ 海老ココナッツジュース蒸しをください。
Cho tôi tôm hấp nước dừa.
チョー　トイ　トム　ハップ　ヌオック　ズア

言い換え

海老のタマリンド炒め	tôm rang me トム　ザン　メー
海老の唐辛子レモングラス炒め	tôm chiên sả ớt トム　チエン　サー　オッ
海老の黒こしょう塩焼き	tôm rang muối tiêu トム　ザン　ムオイ　ティエウ
イカの肉詰め	mực nhồi thịt ムック　ニョイ　ティッ
イカの生姜蒸し	mực hấp gừng ムック　ハップ　グン
イカのセロリ炒め	mực xào cần tây ムック　サオ　カン　ティー
イカ一夜干し焼き	mực một nắng nướng ムック　モッ　ナン　ヌオン
魚の土鍋煮	cá kho tộ カー　コー　トー
アカガイ焼き	sò huyết nướng ソー　フイエッ　ヌオン
タニシの生姜蒸し	ốc hấp gừng オック　ハップ　グン

レストランで

野菜料理を頼む

❽ 空芯菜のニンニク炒めをください。

Cho tôi rau muống xào tỏi.
チョー トイ ザウ ムオン サオ トイ

言い換え

空芯菜の牛肉炒め	rau muống xào thịt bò ザウ ムオン サオ ティッ ボー
ハヤトウリの新芽のニンニク炒め	ngọn su su xào tỏi ゴン スー スー サオ トイ
香草	rau thơm ザウ トム

❋ **ベトナムの野菜料理** ❋

　ベトナム料理は野菜の多い料理です。野菜は、生で食べたり、スープにしたり、野菜炒めものにします。生野菜は、タレにつけて食べたり、炒めものや焼き物と一緒に食べます。野菜のスープをご飯にかけて食べるのは、一つの食べ方です。

　生野菜につけるタレをはじめ、ベトナム料理には素材の味を引き立たてるタレがつけられています。タレは魚でつくられるヌクマム(魚醤)をベースにしたものが多いです。「ヌクマムオッ」という唐辛子入りのタレは生野菜やゆでた野菜合います。「ヌクマムグン」という生姜、砂糖が入ったタレは魚料理に合います。「ヌクマムチュアゴッ」という唐辛子、砂糖、ニンニク、お酢、レモン汁の入ったタレは生春巻きにつける定番のものです。「ヌクマムメー」という果物の酸っぱいタリマンドをベースにしたタレは魚介類に合います。

ベトナム料理に合う香草

バジル	**húng quế** フンクエー
ミント	**bạc hà** バックハー
ナギナタコウジュ	**kinh giới** キンジョイ
シソ	**tía tô** ティアトー
ドクダミ	**diếp cá** ジエップカー
コリアンダー	**mùi ta**（北部）／**ngò ri**（南部） ムイター　　　ゴージー
ノコギリコリアンダー	**mùi tàu**（北部）／**ngò gai**（南部） ムイタウ　　　ゴーガイ
ディル	**thì là** ティーラー
オトメアゼナ	**rau ngổ** ザウゴー
ヤナギタデ	**rau dăm** ザウザム

❋香草の食べ方❋

　香草は生で食べたり、料理のトッピングとして使われます。たいていの香草はどの料理にも合いますが、魚のスープやチャカラボンにはディル、魚の土鍋煮にはレモングラスや生姜、豆腐の料理にはナギナタコウジュというように料理によって使う香草が決まっている場合があります。他のおすすめの組み合わせは、ヤナギタデをブンタンに、バジルとコリアンダーをフォーに入れると香りがいいです。

レストランで

[麺類を頼む]

9 牛肉のフォーをください。
Cho tôi phở bò.
チョー トイ フォー ボー

言い換え

鶏肉のフォー	phở gà フォー ガー
魚揚げのビーフン	bún cá ブン カー
ブンタン	bún thang ブン タン
豚スペアリブのビーフン	bún sườn ブン スオン
豚足のビーフン	bún chân giò ブン チャン ゾー
カニスープのビーフン	bún riêu cua ブン ジエウ クア
カニのスープのうどん	bánh đa cua バイン ダー クア
鴨の春雨スープ	miến ngan ミエン ガン
ウナギの春雨スープ	miến lươn ミエン ルオン

ご飯類／お粥を頼む

⑩ 鶏肉のご飯をください。

Cho tôi cơm gà.
チョー トイ コム ガー

言い換え

豚スペアリブのご飯	cơm sườn コム スオン
チャーハン	cơm rang (北部)／cơm chiên (南部) コム ザン　　　　　コム チエン
お焦げのご飯	cơm cháy コム チャイー
ハスの炊込みご飯	cơm lá sen コム ラー セン
鶏肉のお粥	cháo gà チャオ ガー
ウナギのお粥	cháo lươn チャオ ルオン
豚スペアリブのお粥	cháo sườn チャオ スオン

❀ **ベトナムのお米料理** ❀

お焦げのご飯：乾燥させたお焦げを油で揚げたものを牛肉、マッシュルーム、玉ねぎ、にんじんのあんかけと一緒に食べます。

ハスの炊込みご飯：鶏肉のスープで炊いたご飯を炊き、鶏肉、エビ、チャーシュー、蓮の実、玉ねぎ、にんじん、豆などの色々な具を炒めたものを混ぜ、蓮の葉で包んで蒸した料理です。

うなぎのお粥：うなぎの身をさばいた後の骨で取ったダシを使ってお粥を炊き、甘辛く煮たうなぎをたっぷりとお粥の上に乗せ、うなぎの身をほぐしながら食べます。

レストランで

[おこわを頼む]

⑪ 緑豆のおこわをください。

Cho tôi xôi đỗ xanh.
チョー　トイ　ソイ　ドー　サイン

言い換え

黒豆のおこわ	xôi đỗ đen ソイ ドー デン
ピーナツのおこわ	xôi lạc ソイ ラック
鶏肉のおこわ	xôi gà ソイ ガー
緑豆と揚げネギを まぶしたおこわ	xôi xéo ソイ セオ
豚肉と卵のおこわ	xôi trứng thịt ソイ チュン ティッ

❀ ベトナムのおこわ ❀

　xôi [ソイ] とは、もち米で作られるベトナム風のおこわです。ひと昔前はお正月や結婚式など、大事なイベントのときしか食べられない高級な食べ物でしたが、今はいつでも食べられるようになっています。少し前までは朝食として食べられることがは多かったのですが、今では昼食、夕食として食べることが多いです。

● ベトナム料理店の単語

Track CD-1 51

- ☐ ウェイトレス
  bồi bàn nữ
  ボイ バン ヌー

- ☐ 調理人
  đầu bếp
  ダウ ベップ

- ☐ ウェイター
  bồi bàn nam
  ボイ バン ナム

- ☐ メニュー
  thực đơn
  トゥック ドン

- ☐ 箸
  đũa
  ドゥア

- ☐ スプーン
  thìa
  ティア

- ☐ フォーク
  nĩa
  ニア

- ☐ 湯飲み
  chén
  チェン

- ☐ グラス
  lì
  リー

- ☐ ナプキン
  khăn ăn
  カン アン

- ☐ 楊枝
  tăm
  タム

- ☐ 調味料
  gia vị
  ザー ヴィ

78

レストランで

[食後の飲み物を頼む]

⑫ ベトナムコーヒーをください。

Cho tôi cà phê Việt Nam.
チョー トイ カー フェー ヴィエッ ナム

言い換え		
ホットブラックコーヒー	cà phê đen nóng カー フェー デン ノン
アイスブラックコーヒー	cà phê đen đá カー フェー デン ダー
ホットミルクコーヒー	cà phê sữa nóng / nâu nóng カー フェー スア ノン　ナウ ノン
アイスミルクコーヒー	cà phê sữa đá / nâu đá カー フェー スア ダー　ナウ ダー
ハス茶	trà sen チャ セン

❀ベトナムのコーヒー❀

　ベトナムのコーヒーは、苦味が強いロブスター種のコーヒー豆をバターを使って深煎りで焙煎します。右のイラストのような特殊な形のコーヒードリッパーを使います。ミルクコーヒーを飲むときはコーヒーを入れる前にカップの底にコンデンスミルクを入れておき、コーヒーを入れた後、かきまぜて飲みます。ベトナム人はコーヒーが大好きで、カフェでコーヒーを飲む人の姿がよく見られます。

　ベトナムには、スターバックスのような外国資本のコーヒーショップがありません。国内にハイランドコーヒー、チュングエンコーヒーという大きな会社が2つあり、全国に支店があります。

> シントーを頼む

13 マンゴーのシントーをください。

Cho tôi sinh tố xoài.
チョー トイ シン トー ソアイ

言い換え

アボガドのシントー	sinh tố bơ シン トー ボー
スイカのシントー	sinh tố dưa hấu シン トー ズア ハウ
パイナップルのシントー	sinh tố dứa シン トー ズア
パパイヤのシントー	sinh tố đu đủ シン トー ドゥー ドゥー
バナナのシントー	sinh tố chuối シン トー チュオイ

❖ シントー ❖

　ベトナムでは、熱帯国のフルーツがたくさんあるので、フルーツを使った飲み物にシントーというものがあります。フルーツ、練乳とクラッシュアイスをミキサーにかけて作るスムージーのような飲み物です。シントーは、ベトナムでとてもポピュラーなので屋台、喫茶店やバーなど、どこにでもあります。

レストランで

ドリアンのシントー	**sinh tố sầu riêng** シン トー サウ ジエン
イチゴのシントー	**sinh tố dâu tây** シン トー ザウ テイー
ドラゴンフルーツのシントー	**sinh tố thanh long** シン トー タン ロン
にんじんのシントー	**sinh tố cà rốt** シン トー カー ゾッ
トマトのシントー	**sinh tố cà chua** シン トー カー チュア
りんごのシントー	**sinh tố táo** シン トー タオ

[チェーを頼む]

14 ミックスチェーをください。
Cho tôi chè thập cẩm.
チョー トイ チェ タップ カム

言い換え

さつま芋のチェー	chè khoai lang チェ コアイ ラン
ザボンのチェー	chè bưởi チェ ブオイ
青米(あおまい)のチェー	chè cốm チェ コム
フエのチェー	chè Huế チェ フエ
緑豆のチェー	chè đậu xanh チェ ダウ サイン

❊ チェー ❊

　チェーは、ベトナムの人気のあるのデザートの一つです。透明な容器に小豆や緑豆あん、芋類のあん、海藻寒天、白玉、フルーツ、タピオカ、海藻などの具を入れた後に、シロップやココナツミルクをかけ、かき混ぜて食べます。夏にはクラッシュアイスを加えて食べると暑さを解消し、エネルギーを補給することができます。冬はサツマイモ、紫芋やバナナを煮てその上にココナツミルクをかけ、温かいチェー食べることもあります。チェーは、食後にデザートとして食べることが多いですが、学校の帰りや、夜に遊びに出かけるときに気軽に食べるおやつでもあります。

レストランで

黒豆のチェー	**chè đậu đen** チェ ダウ デン
トウモロコシのチェー	**chè bắp** チェ バップ
バナナのチェー	**chè chuối** チェ チュオイ
ハスの実のチェー	**chè hạt sen** チェ ハッ セン
ロンガンのチェー	**chè nhãn** チェ ニャン
海藻寒天のチェー	**chè thạch dừa** チェ タイック ズア

[他のデザートを頼む]

⑮ ヨーグルトをください。
Cho tôi sữa chua.
チョー トイ スア チュア

言い換え

クラッシュアイスと混ぜたヨーグルト	sữa chua đánh đá スア チュア ダイン ダー
黒いもち米が入っているヨーグルト	sữa chua nếp cẩm スア チュア ネップ カム
プリン	bánh flan バイン フラン
ココナッツの実に入ったアイスクリーム	kem trái dừa ケム チャイ ズア
揚げバナナ	chuối chiên チュオイ チエン
ベトナム風ドーナツ	bánh rán バイン ザン

レストランで

●フルーツの単語

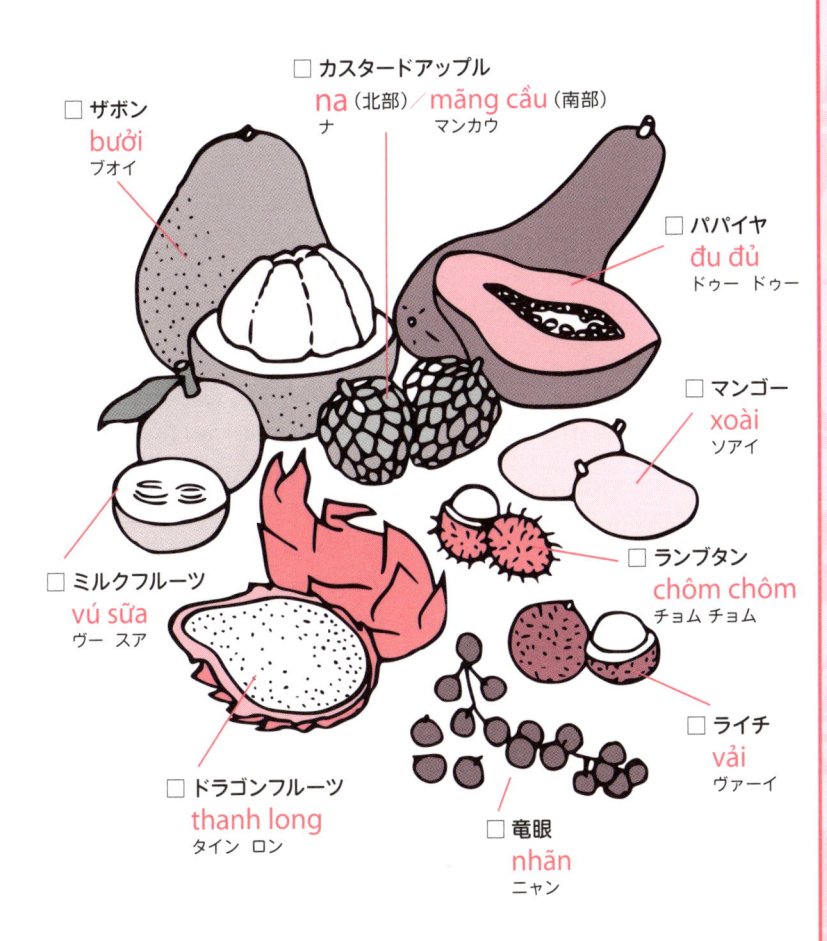

Track CD-1 56

□ ザボン
buởi
ブオイ

□ カスタードアップル
na(北部)／**măng cầu**(南部)
ナ　　　　　マンカウ

□ パパイヤ
đu đủ
ドゥー ドゥー

□ マンゴー
xoài
ソアイ

□ ミルクフルーツ
vú sữa
ヴー スア

□ ランブタン
chôm chôm
チョム チョム

□ ドラゴンフルーツ
thanh long
タイン ロン

□ 竜眼
nhãn
ニャン

□ ライチ
vải
ヴァーイ

機内・空港編 / 宿泊編 / 飲食編 / ショッピング編 / 観光編 / アクティビティ編 / トラブル編 / 旅単語帳

85

定番フレーズ

レストランで言うこと

◎ 予約できますか。
Cho tôi đặt chỗ.
チョー トイ ダッ チョ

◎ クレジットカードは使えますか。
Có dùng được thẻ tín dụng không?
コー ズン ドゥオック テー ティン ズン コン

◎ 領収書をください。
Cho tôi hóa đơn.
チョー トイ ホア ドン

◎ お会計をお願いいたします。
Tính tiền cho tôi.
ティン ティエン チョー トイ

◎ 生野菜のおかわりをください。
Cho tôi thêm rau sống.
チョー トイ テム ザウ ソン

◎ 生ビールをもう一杯ください。
Cho tôi thêm 1 li bia tươi.
チョー トイ テム モッ リー ビア トゥオイ

◎ 取り皿をください。
Cho tôi cái đĩa.
チョー トイ カイ ディア

◎ お手拭きをください。
Cho tôi khăn lau tay.
チョー トイ カン ラウ タイー

◎ ナプキンをください。
Cho tôi khăn ăn.
チョー トイ カン アン

レストランで

定番フレーズ

店員が言うこと

◎ 何名様ですか。
Quý khách có mấy người?
クイー カイック コー メイー グオイ

◎ ご注文はお決まりですか。
Quý khách đã quyết định món chưa?
クイー カイック ダー クイエット ディン モン チュア

◎ お飲み物はいかがですか。
Quý khách dùng đồ uống gì?
クイー カイック ズン ドー ウオン ジー

◎ 他にいかがですか。
Quý khách có gọi gì nữa không?
クイー カイック コー ゴイ ジー ヌア コン

◎ 何人前にしますか。
Quý khách muốn gọi suất mấy người?
クイー カイック ムオン ゴイ スアッ メイー グオイ

❁ 精算とチップ ❁

　ホテルのレストランや高級レストランでは、テーブルで精算します。クレジットカードを使うこともできます。しかし、屋台や一般的な食堂は、現金しか使えず、場合によってテーブルで精算するか、精算担当者に直接支払いをします。チップを渡す習慣はありませんが、おつりが要らないのなら、断っても大丈夫です。

屋台で

[バインミーを頼む]

① パテのバインミーをください。

Cho tôi bánh mì pa-tê.
チョー トイ バイン ミー パテ

言い換え		
卵のバインミー	bánh mì trứng	バイン ミー チュン
焼き豚肉のバインミー	bánh mì xa xíu	バイン ミー サー シウ
腸詰めのバインミー	bánh mì lạp xưởng	バイン ミー ラップ スオン
ビーフシチューのバインミー	bánh mì sốt vang	バイン ミー ソッ ヴァン

❁バインミー❁

　バインミーというのは、ベトナム風のバゲットのことで、ベトナムの屋台や食堂などで売られているポピュラーなファーストフードです。柔らかめのバゲットに切り込みを入れ、バター、レバーペーストなどを塗り、ハム、腸詰め、焼豚などの肉類と甘酢づけの野菜、香草などをはさんで、ヌオックマム（魚醤）をふりかけます。野菜は、にんじん、ラディッシュ、キュウリ、玉ねぎなどが一般的です。バゲットを牛肉煮込みスープにつけて食べるのも、ベトナムならではのおいしい食べ方です。

市場で

[食材を買う]

① 1キロいくらですか。
1 ki-lô-gam bao nhiêu tiền?
モッ キロ　　ガム　　　バオ　ニィエウ　ティエン

言い換え	100グラム	**100 gam** モッチャム ガム
	500グラム	**500 gam** ナムチャム ガム
	1袋	**1 túi** モッ トゥイ
	1箱	**1 hộp** モッ ホップ
	1匹	**1 con** モッ コン

機内・空港編 / 宿泊編 / 飲食編 / ショッピング編 / 観光編 / アクティビティ編 / トラブル編 / 旅単語帳

定番フレーズ

市場で

◎ これは何ですか。
Đây là cái gì?
デイー ラー カイ ジー

◎ これは何というものですか。
Cái này gọi là gì?
カイ ナイー ゴイ ラー ジー

◎ これは何の野菜ですか。
Đây là rau gì?
デイー ラー ザウ ジー

◎ これは何の肉ですか。
Đây là thịt gì?
デイー ラー ティッ ジー

◎ これはどのように食べるのですか。
Cái này ăn thế nào?
カイ ナイー アン テー ナオ

◎ どのように売っているのですか。
Bán thế nào?
バン テー ナオ

◎ 1キロください。
Cho tôi 1 ki lô.
チョー トイ モッ キロ

◎ 全部でいくらですか。
Tất cả bao nhiêu tiền?
タッ カ バオ ニィエウ ティエン

ショッピング編

　ベトナムは雑貨天国です。陶器やアオザイも有名なので、市場などで買い物を楽しんでください。
　専門店には値札がついていますが、市場では値札がないため、買い物が少し難しいかもしれません。お金に関する数字をしっかりと暗記してお店の人に値段を聞いてみましょう。金額が聞き取れないときは、紙に書いてもらいましょう。

店を探す

ショッピングスポットを探す

1 市場はどこですか。

Chợ ở đâu?
チョ オー ダウ

言い換え	免税店	**Cửa hàng miễn thuế** クア ハン ミエン トゥエ
	スーパーマーケット	**Siêu thị** シエウ テイ
	コンビニ	**Cửa hàng tiện ích** クア ハン ティエン イック
	商店街	**Phố mua sắm** フォ ムア サム
	デパート	**Trung tâm thương mại** チュン タム トゥオン マイ
	薬局	**Cửa hàng thuốc** クア ハン トゥオック

❋ベトナムの免税店❋

　ベトナムで免税で買い物できるところは、空港の国際ターミナルと市内にある免税店のみです。支払いは、クレジットカード、現金ともにOKです。

店を探す

専門店を探す

❷ 雑貨のお店はありますか。

Có cửa hàng tạp hóa không?
コー　クア　ハン　タップ　ホア　コン

言い換え

刺繍のお店	cửa hàng đồ thêu クア ハン ドー テウ
アオザイのお店	cửa hàng may áo dài クア ハン マイー アオ ザイ
シルクのお店	cửa hàng lụa クア ハン ルア
陶磁器のお店	cửa hàng đồ gốm クア ハン ドー ゴム
ハス茶のお店	cửa hàng trà sen クア ハン チャ セン
お土産屋	cửa hàng đồ lưu niệm クア ハン ドー ルウ ニエム
食料品店	cửa hàng thực phẩm クア ハン トゥック ファム
花屋	cửa hàng hoa クア ハン ホア
靴屋	cửa hàng giầy dép クア ハン ジェイー ゼップ
カバン屋	cửa hàng túi xách クア ハン トゥイ サイック
宝石店	cửa hàng trang sức クア ハン チャン スック
書店	hàng sách ハン サイック

お店で

[服を買う]

1. Tシャツはありますか。
Có áo phông không?
コー　アオ　フォン　　　コン

言い換え		
	Yシャツ	áo sơ mi アオ ソー ミー
	ブラウス	áo sơ mi nữ アオ ソー ミー ヌー
	ワンピース	váy liền ヴァイー リエン
	スカート	chân váy チャン ヴァイー
	ジーンズ	quần bò クアン ボー
	ジャケット	áo khoác アオ コアック
	半ズボン	quần sooc クアン ソック
	長ズボン	quần tây クアン ティー

お店で

[色についてたずねる]

❷ 赤はありますか。
Có màu đỏ không?
コー　マウ　ドー　コン

言い換え

黄色	màu vàng マウ ヴァン
緑	màu xanh lá cây マウ サイン ラー ケイー
紺色	màu xanh thẫm マウ サイン タム
水色	màu xanh nhạt マウ サイン ニャッ
ピンク	màu hồng マウ ホン
オレンジ	màu cam マウ カム
紫	màu tím マウ ティム
黒	màu đen マウ デン
白	màu trắng マウ チャン
グレー	màu xám マウ サム
ベージュ	màu be マウ ベー

|サイズについてたずねる|

3 Sサイズをください。

Cho tôi cỡ S.
チョー トイ コー エス

言い換え

M	M エモー
L	L エロー
LL	LL ローロー
これより小さい	nhỏ hơn ニョ ホン
これより大きい	to hơn トー ホン
これより長い	dài hơn ザイ ホン
これより短い	ngắn hơn ガン ホン
これよりゆったりした	rộng hơn ゾン ホン
これより細い	bé hơn ベー ホン

お店で

[素材についてたずねる]

④ これは**シルク**ですか。

Cái này có phải là lụa không?
カイ　ナイー　コー　ファイ　ラー　ルア　コン

綿	cốt-tôn／bông コットン　ボン
絹	lụa ルア
麻	lanh ライン
ナイロン	ni lông ニー　ロン
レーヨン	tơ nhân tạo トー　ニャン　タオ
ポリエステル	pôlyester ポリエストー
革	da ザー
牛革	da bò ザー　ボー
豚革	da heo ザー　ヘオ
合成皮革	da tổng hợp ザー　トン　ホップ

言い換え

機内・空港編 / 宿泊編 / 飲食編 / ショッピング編 / 観光編 / アクティビティ編 / トラブル編 / 旅単語帳

97

[デザインについてたずねる]

5 Vネックをください。
Cho tôi cổ chữ V.
チョー トイ コー チュー ヴェー

言い換え

丸首	cổ tròn	コー チョン
半袖	ngắn tay	ガン タイー
長袖	dài tay	ザイ タイー
ノースリーブ	không tay áo	コン タイー アオ
七分丈	kiểu lửng	キエウ ルン
スリット	kiểu xẻ	キエウ セー

お店で

小物・雑貨を買う

6 財布はありますか。

Có ví không?
コー ヴィー コン

マスク	khẩu trang カウ チャン
ネクタイ	cà vạt カー ヴァッ
靴下	tất タッ
ストッキング	tất da chân タッ ザー チャン
スカーフ	khăn quàng カン クアン
手袋	găng tay ガン タイー
傘	ô / dù オー/ズー
ハンカチ	khăn mùi xoa カン ムイ ソア
サングラス	kính râm キン ザム

バッグ・靴・アクセサリーを買う

7 ハンドバッグはありますか。
Có túi xách không?
コー トゥイ サイック コン

言い換え

ショルダーバッグ	túi khoác vai トゥイ コアック ヴァイー
ボストンバッグ	túi du lịch トゥイ ズー リック
スーツケース	va li ヴァ リー
リュック	ba lô バ ロ
革靴	giầy da ジェイー ザー
スニーカー	giầy thể thao ジェイー テー タオ
サンダル	xăng đan サン ダン
ミュール	guốc グオック
ハイヒール	giầy cao gót ジェイー カオ ゴッ

お店で

言い換え

指輪	nhẫn / ニャン
ネックレス	dây chuyền / ゼイー チュイエン
ピアス	hoa tai / ホア タイ
イアリング	hoa tai kẹp / ホア タイ ケップ
ブレスレット	lắc tay / ラック タイー
アンクレット	lắc chân / ラック チャン
ブローチ	cài ve áo / カイ ヴェー アオ
ネクタイピン	cài cà vạt / カイ カ ヴァッ
腕時計	đồng hồ đeo tay / ドン ホー デオ タイー
デジタル時計	đồng hồ kĩ thuật số / ドン ホー キー トゥアッ ソー

[宝石を買う]

8 純金をください。
Có vàng mười không?
コー ヴァン ムオイ コン

言い換え

18金	vàng tây ヴァン タイー
銀	bạc バック
プラチナ	bạch kim バイッ キム
パール	ngọc trai ゴック チャイ
水晶	thủy tinh トゥイー ティン
エメラルド	ngọc lục bảo ゴック ルック バオ
ルビー	hồng ngọc ホン ゴック
サファイア	đá xa phia ダー サー フィア

お店で

[日用品を買う]

9 歯磨き粉はありますか。
Có kem đánh răng không?
コー　ケム　ダイン　ザン　コン

言い換え

歯ブラシ	bàn chải đánh răng バン チャイ ダイン ザン
ひげ剃り	dao cạo râu ザオ カオ ザウ
石けん	xà phòng bánh サー フォン バイン
シャンプー	dầu gội ザウ ゴイ
コンディショナー	dầu xả ザウ サー
クレンジングオイル	dầu tẩy trang ザウ テイー チャン
洗顔フォーム	sữa rửa mặt スア ズア マッ
洗剤	xà phòng giặt サー フォン ザッ
ウエットティッシュ	khăn ướt カン ウオッ
電池	pin ピン
ナプキン	băng vệ sinh バン ヴェ シン
ボディータオル	khăn tắm カン タム

[化粧品を買う]

⑩ 化粧水はありますか。

Có nước hoa hồng không?
コー ヌオック ホア ホン コン

言い換え

乳液	kem dưỡng da ケム ズオン ザ
日焼け止めクリーム	kem chống nắng ケム チョン ナン
マスカラ	mat-ca-ra マッカラ
アイライナー	kẻ mắt ケ マッ
アイブロー	kẻ lông mày ケ ロン マイー
アイシャドー	màu mắt マウ マッ
下地	phấn nền ファン ネン
ファンデーション	phấn phủ ファン フー
ほお紅	má hồng マー ホン
口紅	son ソン

お店で

言い換え	リップクリーム	dưỡng môi ズオン モイ
	リップグロス	son bóng ソン ボン
	パック	mặt nạ đắp mặt マット ナ ダップ マッ
	マニキュア	sơn móng ソン モン
	香水	nước hoa ヌオック ホア
	ボディークリーム	kem dưỡng toàn thân ケム ズオン トアン タン
	ハンドクリーム	kem dưỡng tay ケム ズオン タイー

ラッピングを頼む

⑪ 別に包んでください。
Gói riêng cho tôi.
ゴイ　ジエン　チョー　トイ

言い換え	ギフト用に包んで	Gói quà ゴイ クァ
	値札を取って	Tháo phiếu ghi giá タオ フィエウ ギー ザー
	値引きして	Giảm giá ザム ザー

定番フレーズ

店員に言う

◎ 見ているだけです。
Tôi chỉ xem thôi
トイ チー セム トイ

◎ また来ます。
Tôi sẽ đến nữa.
トイ セー デン ヌア

◎ あれを見せてください。
Cho tôi xem cái đó.
チョー トイ セム カイ ドー

◎ 試着できますか。
Tôi mặc thử được không?
トイ マック トゥ ドゥオック コン

◎ これにします。
Tôi lấy cái này.
トイ レイー カイ ナイー

◎ これください。
Cho tôi cái này.
チョー トイ カイ ナイー

◎ あれください。
Cho tôi cái đó.
チョー トイ カイ ドー

◎ 新しいものをください。
Cho tôi cái mới.
チョー トイ カイ モイ

お店で

定番フレーズ

店員が言う

◎ いらっしゃいませ。
Chào chị/anh.
チャオ チ/アイン

◎ 何をお探しですか。
Anh/Chị tìm gì?
アイン/チ ティム ジー

◎ これはいかがですか。
Cái này thế nào?
カイ ナイー テー ナオ

◎ サイズはいかがですか。
Cỡ có vừa không?
コ コ ヴア コン

◎ お支払いは現金ですか。
Anh/Chị thanh toán bằng tiền mặt phải không?
アイン/チ タイン トアン バン ティエン マット ファイ コン

◎ お支払いはカードですか。
Anh/Chị thanh toán bằng thẻ phải không?
アイン/チ タイン トアン バン テー ファイ コン

◎ こちらにサインしてください。
Xin anh/chị kí vào đây.
シン アイン/チ キー ヴァオ デイー

◎ さようなら。
Tạm biệt.
タム ビエッ

ヒント! 店員は男性の客に対してanh(アイン)、女性の客に対してchị(チ)を使います。

定番フレーズ

🖐 アオザイをつくる

◎ 生地を見せてください。
Cho tôi xem vải.
チョー トイ セム ヴァーイ

◎ 採寸してください。
Đo cho tôi.
ド チョー トイ

◎ 何日でできますか。
Mấy ngày thì được?
メイー ガイー ティ ドゥオック

◎ もっと早くできますか。
Có thế sớm hơn không?
コー テー ソム ホン コン

◎ 仮縫いはできますか。
Có thể thử không?
コー テー トゥ コン

◎ 何時に取りに来たらいいですか。
Mấy giờ tới lấy thì được?
メイー ゾー トイ レイー ティ ドゥオック

◎ かわいい！
Dễ thương !
ゼー トゥオン

◎ きれい！
Đẹp !
デップ

お店で

● アオザイ店の単語

Track 71 CD-1

□ 袖なし
áo sát nách
アオ サッ ナィック

□ 長袖
áo tay dài
アオ タイ ザイ

□ サンプル
mẫu
マウ

□ 生地
vải
ヴァーイ

□ 試着室
phòng mặc thử
フォン マック トゥ

□ 鏡
gương
グオン

□ 刺繍
thêu
テウ

[ベトナム土産・雑貨を買う]

⑫ バッチャン焼きはありますか。

Có đồ gốm Bát Tràng không?
コー ド ゴム バッ チャン コン

言い換え

ドンホー版画	tranh Đông Hồ チャイン ドン ホー
少数民族の布	vải thổ cẩm ヴァイ トー カム
いぐさでできたカバン	túi cói トゥイ コイ
水上人形劇の人形	con rối コン ゾイ
ベトナム軍防暑帽	mũ bộ đội ムー ボ ドイ
ベトナム製タバコ	thuốc lá Việt Nam トゥオック ラー ヴィエッナム
編み笠	nón lá ノン ラー
コーヒー豆	cà phê hạt カー フェー ハッ

❋ベトナム土産❋

バッチャン焼き：バッチャン村で15世紀からつくられている陶磁器です。白い磁器に菊やハス、とんぼなどの伝統的な自然の絵柄がコバルトブルーで描かれています。最近では、伝統的な形式にこだわらず、さまざまな色や模様があります。

ドンホー版画：北部のドンホー村の職人たちの手で作られている版画です。ベトナムの庶民の生活や風物詩などが中国風の絵で描かれており、お土産として人気があります。

お店で

13 陶磁器はありますか。
Có đồ gốm sứ không?
コー ドー ゴム スー コン

言い換え

セラドン（青磁）	đồ sứ xanh ドー スー サイン
白磁	đồ sứ trắng ドー スー チャン
安南染	hoa lam ホア ラム
紅安南	hoa đỏ ホア ドー
茶器	ấm chén アム チェン
皿	đĩa ディア
湯飲み	chén チェン
お椀	bát バッ
漆絵	tranh sơn mài チャイン ソン マイ
刺繍絵	tranh thêu チャイン テウ

言い換え		
花刺繍	thêu hoa	テウ ホア
ビーズ製品	đồ cườm	ドー クオム
シルク製品	đồ lụa (đồ tơ tằm とも言います。)	ドー ルア (ドー トー タム)
ハンカチ	khăn mùi xoa	カン ムイ ソア
巾着	túi rút	トゥイ ズッ
ポーチ	ví	ヴィ
キャンドル	nến	ネン
お香立て	bát hương	バッ フオン
クッション	vỏ gối tựa lưng	ヴォー ゴイ トゥア ルン
サンダル	xăng đan	サン ダン
扇子	quạt giấy	クアッ ザイー

観光編

　南北に長いベトナムは地方によって歴史、文化、自然などの特徴が異なるため、観光する場所が盛りだくさんです。ベトナム語で観光スポットの名称を覚えておくと、観光スポットを探すときなどに役に立つでしょう。

　また、よく使いそうなフレーズも覚えておいた方が、快適に過ごせるでしょう。

観光案内所で

[情報を集める]

① 地図をください。

Cho tôi bản đồ.
チョー トイ バン ドー

市内地図	**bản đồ thành phố** バン ドー タイン フォー
旧市街地図	**bản đồ phố cổ** バン ドー フォー コー
観光案内パンフレット	**tờ hướng dẫn du lịch** トー フオン ザン ズー リック

言い換え

❃ ベトナムの主な世界遺産 ❃

ハロン湾：ハノイから車で3時間くらいのところにあるので、日帰りで行けます。船舶に一泊しても楽しいです。

フエ古都遺跡群：ベトナムの最後の封建政権のグエン王朝の各帝王の廟、建物、宮廷文化などがあります。

ホイアン旧市街：ダナン国際空港からタクシーで30分くらいで行けます。古い建物の街並みが残され、16世紀からのベトナムと日本との間の貿易がさかんだった証になっている日本橋が残っています。

ミーソン遺跡：ダナンにあり、チャンパ王国の聖地です。8～13世紀に建築されたレンガ造りや石造りのヒンズー教寺院が数多く残されています。

フォンニャケバン国立公園：貴重・希少な動植物が数多くある原始林や、石灰岩からなる300以上の洞窟群などがあります。

| 観光案内所で |

[ツアーの問い合わせ]

❷ 市内観光ツアーはありますか。

Có tua du lịch thành phố không?
コー トゥア ズー リック タイン フォー コン

言い換え

半日ツアー	tua nửa ngày トゥア ヌア ガイー
日帰りツアー	tua 1 ngày トゥア モッ ガイー
１泊２日ツアー	tua 1 đêm 2 ngày トゥア モッ デム ハイ ガイー
川クルーズツアー	tua du thuyền trên sông トゥア ズー トゥイエン チェン ソン
水上生活体験ツアー	tua xem cuộc sống trên sông トゥア セム クオック ソン チェン ソン

希望を伝える

3 サパに行きたいのですが。
Tôi muốn đi Sapa.
トイ　ムオン　ディ　サパ

言い換え

ハノイ	Hà Nội ハ ノイ
ハイフォン	Hải Phòng ハイ フォン
フエ	Huế フエ
ダナン	Đà Nẵng ダー ナン
ホイアン	Hội An ホイ アン
ダラット	Đà Lạt ダー ラッ
ニャチャン	Nha Trang ニャ チャン
ヴンタウ	Vũng Tàu ヴン タウ
ホーチミン市	Thành phố Hồ Chí Minh タイン フォ ホー チー ミン

④ コンサートに行きたいのですが。

Tôi muốn đi xem hòa nhạc.
トイ　ムオン　ディ　セム　ホア　ニャック

言い換え		
	伝統音楽ショー	xem nhạc truyền thống セム ニャック チュイエン トーン
	宮廷音楽ショー	xem nhạc cung đình セム ニャック クン ディン
	水上人形劇	xem múa rối nước セム ムア ゾイ ヌオック
	海	ra biển ザ ビエン
	山	lên núi レン ヌイ
	湖	ra hồ ザ ホー
	祭り	lễ hội レー ホイ

観光スポットで

[観光スポットを探す]

1 公園はどこですか。

Công viên ở đâu?
コン ヴィエン オー ダウ

博物館	Viện bảo tàng ヴィエン バオ タン
美術館	bảo tàng mỹ thuật バオ タン ミー トゥアッ
映画館	Rạp chiếu phim ザップ チエウ フィム
劇場	Rạp hát ラップ ハッ
歴史遺跡	Di tích lịch sử ジー ティック リック スー
戦争遺跡	Di tích chiến tranh ジ ティック チエン チャイン

言い換え

Jリサーチ出版

各国語
你好 안녕하세요 Bonjour ¡Hola Ciao
出版案内

ホームページ http://www.jresearch.co.jp
ツイッター　公式アカウント @Jresearch_
　　　　　　https://twitter.com/Jresearch_

〒166-0002　東京都杉並区高円寺北 2-29-14-705
TEL.03-6808-8801 ／ FAX.03-5364-5310（代）
TEL.03-6808-8806 ／ FAX.03-3223-3455（編集）

(2014 年 9 月 1 日現在)

中国語 漢語

ゼロからスタートシリーズ

だれでも覚えられるゼッタイ基礎ボキャブラリー
ゼロからスタート中国語単語BASIC1400 CD2枚付

王 丹 著　Ａ５変型／1600円（税抜）

中国語の基礎になる1400語を生活でよく使う例文とともに覚えられる1冊。基本的な動詞・助動詞・副詞・形容詞をはじめ、家・旅行・ファッション・食事・ビジネスなどの生活語がバランスよく身につく。四声、ピンイン、語順、基礎文法も紹介。
ＣＤ：発音　項目名（日本語）→発音（中国語）
各章　項目名（日本語）→単語（中国語）→意味（日本語）→例文（中国語）

だれにでもわかる文法と発音のルール
ゼロからスタート中国語文法編 CD付

郭 海燕・王 丹 共著　Ａ５判／1400円（税抜）

はじめて中国語を学習する人が、文法の基礎を身につけながらひとりで学習を進められるやさしい入門書。40の文法公式を覚えながら、簡単な会話ができるようになる。四声やピンインもわかりやすく解説。
ＣＤ：発音　項目名（日本語）→発音（中国語）
文法　項目名（日本語）→単語・フレーズ・例文（中国語）

だれでも話せる基本フレーズ20とミニ会話24
ゼロからスタート中国語会話編 CD付

郭 海燕・王 丹 共著　Ａ５判／1400円（税抜）

中国語を学び始める人のための会話入門書。会話の基礎になる20のキーフレーズに単語を入れ替えて、繰り返し話す練習でだれでも自然に身につけられる。後半では、日常生活や旅行で使えるリアルな会話を練習。「文法コーナー」や「中国の小知識」のコラムも充実。
ＣＤ：発音　項目名（日本語）→発音（中国語）
会話　項目名（日本語）→フレーズ・例文（中国語）

初級から中級にステップアップする34の文法のルール
ゼロからスタート中国語文法応用編 CD付

郭 海燕・王 丹 共著　Ａ５判／1400円（税抜）

『ゼロからスタート中国語　文法編』の続編。初級から中級へステップアップをはかるための1冊。34の文法公式で基礎を固める。文法用語にふりがな、中国語例文にカタカナ付。書いて覚える練習問題で、漢字も自然に身につけられる。
ＣＤ：発音　項目名（日本語）→発音（中国語）
文法　単語・フレーズ・例文（中国語）→解説文・訳の読み上げ（日本語）

韓国語 한국어

会話力を身につける!

すぐに使える韓国語会話ミニフレーズ2200 CD2枚付
鶴見 ユミ 著　四六変型／1600円（税抜）
挨拶から日常生活・旅行・冠婚葬祭まで、よく使われるフレーズ2200をシーン別に収録。丁寧語・タメ語マークやフリガナつきで初心者も安心。
CD：見出し（日本語）→例文（韓国語のみ）

短いフレーズで日常・韓国旅行までらくらく使える
魔法の韓国語会話 超カンタンフレーズ500 CD付
鶴見 ユミ 著　四六変型／1000円（税抜）
魔法の会話表現を50パターン覚えるだけで、その9倍のフレーズをカンタンにマスターできる1冊！フレーズは短くて覚えやすく、すぐに使える表現を厳選。
CD：500フレーズ　日本語　→　韓国語　→　リピートポーズ

一歩進んで・・・

韓国恋愛事情まるわかり
男と女のLOVE×LOVE韓国語会話 CD付
イ・ジョンウン 著　四六変型／1400円（税抜）
韓国ドラマやK-POPを好きな人、韓国人の恋人を作りたい人へオススメの1冊。出会いからデート、結婚・出産にいたるまでの超リアルな"あるある"フレーズは必見！
CD：各シーンのあるあるフレーズ（日本語→韓国語）、リアルな対話文（韓国語のみ）

日本の漢字を使って韓単語を超速で増強する!
韓国語単語スピードマスター漢字語3300 CD2枚付
鶴見 ユミ 著　Ａ５変型／1600円（税抜）
ハングル表記されている漢字語「道」をマスターすれば「歩道」「道場」など組み合わせでどんどん応用がきく。日本人だからできる暗記に頼らない語彙増強法。
CD：見出し語約2500語　韓国語→日本語

独学でカンタンマスター
夢をかなえる韓国語勉強法
鶴見 ユミ 著　四六変型／1400円（税抜）
心構え、勉強の手順、方法、教材の選び方、日本で韓国人と交流する方法など、鶴見先生の経験や知識を惜しみなく注ぎこんだ韓国語学習の指南書。

3週間プログラム　学習スタートブックシリーズ

3週間で誰でも韓国語の基礎がマスターできる
韓国語学習スタートブック 超入門編 CD付
安 垠姫 著　Ｂ５判1000円（税抜）

3週間で初級レベルの文法・フレーズ・会話が身につく!
韓国語学習スタートブック 初級編 CD付
安 垠姫 著　Ｂ５判1000円（税抜）

🇫🇷 フランス語 *français*

ゼロからスタートシリーズ

だれでも覚えられるゼッタイ基礎ボキャブラリー
ゼロからスタート フランス語 単語BASIC1400 CD2枚付

アテネ・フランセ責任編集　松本悦治監修　島崎貴則　著
A5変型／1600円（税抜）

1冊で全ての基礎語をカバー。日本におけるフランス語教育の最高峰、アテネ・フランセの実践的で効率的なボキャブラリー増強法。重要語には用法・語法など詳しい解説付き。例文は日常生活でそのまま使える。CDで耳からの学習にも対応。
CD：項目名（日本語）→単語原型（フランス語）→意味（日本語）→例文（フランス語）

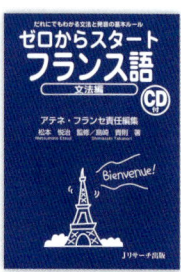

だれにでもわかる文法と発音の基本ルール
ゼロからスタート フランス語 文法編 CD付

アテネ・フランセ責任編集　松本悦治監修　島崎貴則　著
A5判／1400円（税抜）

フランス語入門者向けの最初の1冊。発音のしくみをていねいに解説。40の文法公式で基礎がすっきりマスターできる。同時に、生活でよく使う単語、会話フレーズも自然に覚えられる。例文にカタカナ、文法用法にふりがな付。CDを聞くだけで総復習ができる。
CD：発音　項目名（日本語）→発音（フランス語）／文法　項目名（日本語）→単語・例文（フランス語）

ボンジュールから始めて
日常会話・旅行会話が話せる
ゼロからスタート フランス語 会話編 CD付

アテネ・フランセ責任編集　松本悦治監修　鈴木文恵　著
A5判／1400円（税抜）

フランス語を学び始める人のための会話入門書。お礼、質問、頼みごとなど25のテーマで話し方の基本がきちんと身につく。旅行、日常でよく使う13テーマの単語コーナーと22のミニ会話も収録。CDを使って発音からしっかり学べる。
CD：見出し語（日本語）→フレーズ（日本語　※第一、二、五章のみ）→フランス語）

観光スポットで

ハノイ周辺の観光スポット

還剣湖	Hồ Hoàn Kiếm ホー ホアン キエム
オペラハウス	Nhà hát lớn ニャ ハッ ロン
大教会	Nhà thờ lớn ニャ ト ロン
ドンスアン市場	Chợ Đồng Xuân チョ ドン スアン
ホーチミン廟	Lăng Hồ Chí Minh ラン ホー チー ミン
一柱寺	Chùa một cột チュア モッ コッ
バディン広場	Quảng trường Ba Đình クアン チュオン バ ディン
文廟	Văn Miếu ヴァン ミエウ
テイー湖	Hồ Tây ホー テイー
ハロン湾	Vịnh Hạ Long ヴィン ハ ロン
バッチャン村	Bát Tràng バッ チャン
タムコック	Tam Cốc タム コック
フオン寺	Chùa Hương チュア フオン

ベトナム歴史博物館	:	Bảo tàng lịch sử Việt Nam バオ タン リック ス ヴィエッ ナム
ホーチミン博物館	:	Bảo tàng Hồ Chí Minh バオ タン ホー チー ミン
民族博物館	:	Bảo tàng dân tộc học バオ タン ザン トック ホック
民族文化博物館	:	Bảo tàng văn hóa các dân tộc バオ タン ヴァン ホア カック ザン トック
軍事博物館	:	Bảo tàng quân đội バオ タン クアン ドイ
空軍博物館	:	Bảo tàng không quân バオ タン コン クアン
ハノイ博物館	:	Bảo tàng Hà Nội バオ タン ハー ノイ
ベトナム美術館	:	Bảo tàng Mĩ thuật Việt Nam バオ タン ミー トゥアッ ヴィエッ ナム
ベトナム女性博物館	:	Bảo tàng phụ nữ Việt Nam バオ タン フー ヌー ヴィエッ ナム

❁ ハノイ ❁

　ベトナムは南北に長い国で、大きく分けると北部、中部、南部となります。
　北部の主要な都市はベトナム第2の都市である首都ハノイです。ハノイの主な見所はホーチミン廟、旧市街、文廟など歴史や政治色の強い場所です。ハノイから日帰りのできる観光地は世界遺産のハロン湾、陶磁器が有名なバッチャン村、小舟に乗ってゆったりと景勝地を楽しむタムコックなどです。

観光スポットで

中部（クアンビン、フエ、ダナン、ホイアン）の観光スポット

フォンニャケバン国立公園	Phong Nha Kẻ Bàng フォン ニャ ケ バン
フエ古都遺跡群	Quần thể di tích Cố đô Huế クアン テ ジ ティック コ ド フエ
ティエンム寺	Chùa Thiên Mụ チュア ティエン ム
フォン川	Sông Hương ソン フオン
フエ宮廷美術館	Bảo tàng mĩ thuật cung đình Huế バオ タン ミー トァック クン ディン フエ
ハン川	Sông Hàn ソン ハン
ミーソン遺跡	Mĩ Sơn ミー ソン
ミーケービーチ	Biển Mỹ Khê ビエン ミー ケー
チャム彫刻博物館	Bảo tàng điêu khắc Chàm バオ タン ディエウ カック チャム
貿易陶磁博物館	Bảo tàng Gốm sứ Mậu dịch バオ タン ゴム スー マウ ジック

❖ ダナン ❖

　ベトナムの中部の大きな都市はダナンです。ダナンはハン川、きれいなビーチや五行山などの自然に恵まれています。近年急速にインフラ整備がされているため、人気が上がっています。ダナン近辺の観光地はホイアン旧市街、フエ古都、ミーソン遺跡や数多くの大きい洞窟のあるフォンニャケバン国立公園です。

ホーチミン市周辺の観光スポット

聖母マリア教会	Nhà thờ Đức Mẹ ニャ トー ドゥック メー
ベンタイン市場	Chợ Bến Thành チョ ベン タイン
ホーチミン市 人民委員会会堂	Tòa nhà Ủy ban nhân dân thành phố HCM トア ニャー ウイー バン ニャン ザン タイン フォー ホー チー ミン
ドンコイ通り	Đường Đồng Khởi ドゥオン ドン コイ
華人街　チョロン	Chợ Lớn チョ ロン
統一会堂	Dinh thống nhất ジン トン ニャッ
サイゴン港	Cảng Sài Gòn カン サイ ゴン
中央郵便局	Bưu điện thành phố ブー ディエン タイン フォー

観光スポットで

クチ	Củ Chi クー チー
メコンデルタ	Đồng bằng sông Cửu Long ドン バン ソン クウ ロン
戦争証跡博物館	Bảo tàng chứng tích chiến tranh バオ タン チュン ティック チエン チャイン
ホーチミン市博物館	Bảo tàng thành phố HCM バオ タン タイン フォー ホー チー ミン
南部女性博物館	Bảo tàng phụ nữ Nam bộ バオ タン フー ヌー ナム ボ

❋ホーチミン市❋

南部の主な都市はベトナム第一の都市であるホーチミン市です。経済が発展しており、アメリカの影響が強い都市です。ホーチミン市には統一会堂、中央郵便局、聖母マリア教会などの見どころがあります。なかでもベンタイン市場は、ホーチミン市の中心にある市場で、日用品、食料品、お土産などが売られており、活気があります。ホーチミン市から日帰りのできるのはクーチートンネルや水上生活を体験できるメコン川デルタなどです。また、市街から少し離れていますが、2泊以上で行くお勧めスポットには、フランス建築の別荘が並ぶ避暑地のダラット高原、ビーチリゾートが有名なニャチャンがあります。

施設について聞く

2 入り口はどこですか。
Lối vào ở đâu?
ロイ ヴァオ オー ダウ

化粧室	Nhà vệ sinh ニャ ヴェ シン
エレベーター	Thang máy タン マイー
エスカレーター	Thang cuốn タン クオン
チケット売り場	Quầy bán vé クエイー バン ヴェー
出口	Lối ra ロイ ザー
お土産屋	Quầy hàng đồ lưu niệm クエイー ハン ドー ルウ ニエム
待合室	Phòng chờ フォン チョ
コーヒーショップ	Quán cà phê クアン カー フェー
喫茶店	Hàng giải khát ハン ザイ カッ
館内案内	Quầy hướng dẫn クアイー フオン ザン
日本語の案内	Quầy hướng dẫn tiếng Nhật クアイー フオン ザン ティエン ニャッ

言い換え

観光スポットで

❸ 館内案内図をください
Cho tôi bản đồ hướng dẫn.
チョー トイ バン ドー フォン ザン

言い換え

日本語のパンフレット	tờ hướng dẫn tiếng Nhật
	トー フオン ザン ティエン ニャッ

[チケットを買う]

❹ 大人1枚ください。
Cho tôi 1 vé người lớn.
チョ トイ モッ ヴェ グオイ ロン

言い換え

子供	trẻ em
	チェ エム
シニア	người già
	グオイ ザー
学生	học sinh
	ホック シン

[博物館・美術館を見学する]

5 これは複製ですか。

Cái này là bản phục chế phải không?
カイ　ナイー　ラー　バン　フック　チェ　ファイ　コン

言い換え

本物	đồ thật
	ドー　ダッ
写真	ảnh
	アイン
〜の作品	tác phẩm của 〜
	タック　ファム　クア

[定番フレーズ]

写真を撮ってもらう

◎ 写真を撮ってもらえませんか。
Anh/Chị chụp hình giùm tôi được không?
アイン/チー　チュップ　ヒン　ズム　トイドゥオック　コン

◎ このシャッターを押してください。
Anh/Chị ấn nút này.
アイン/チー　アン　ヌッ　ナイー

◎ 後ろの建物を入れてください。
Anh/Chị chụp cả tòa nhà phía sau nhé.
アイン/チー　チュップ　カ　トア　ニャ　フィア　サウ　ニェ

◎ 全身を撮ってください。
Anh/Chị chụp cả người nhé.
アイン/チー　チュップ　カー　グオイ　ニェ

ヒント! 頼む相手が男性の場合はanh(アイン)、女性の場合はchị(チ)を使いましょう。

観光スポットで

許可を得る

6 見ていいですか。
Tôi xem có được không?
トイ セム コー ドゥオック コン

言い換え

入って	vào / ヴァオ
また入って	lại vào / ライ ヴァオ
荷物を持って入って	mang hành lí vào / マン ハイン リー ヴァオ
タバコを吸って	hút thuốc lá / フット トゥオック ラー
写真を撮って	chụp hình / チュップ ヒン
一緒に写真を撮って	chụp hình cùng / チュップ ヒン クン
これを写真に撮って	chụp hình cái này / チュップ ヒン カイ ナイー

定番フレーズ

観光スポットでたずねる

◎ 所要時間はどれくらいですか
Mất khoảng bao lâu?
マット コアン バオ ラウ

◎ 出発は何時ですか
Mấy giờ xuất phát?
メイー ゾー スアッ ファッ

◎ 入場料はいくらですか。
Vé vào cửa bao nhiêu tiền?
ヴェ ヴァオ クア バオ ニエウ ティエン

◎ チケットはここで買えますか。
Mua vé ở đây có được không?
ムア ヴェー オー テイー コー ドゥオック コン

◎ 何時に開館しますか。
Mấy giờ mở cửa?
メイー ゾー モー クア

◎ 何時に閉館しますか。
Mấy giờ đóng cửa?
メイー ゾー ドン クア

❀ ベトナムの交通手段 ❀

　公共の交通機関は、バス、タクシー、バイクタクシーがあります。ハノイやホーチミン市などのベトナムの大都市においても公共交通機関が未発達なので、バイクやマイカーで移動するのが一般的です。通勤時間や帰宅時間には、道がとても混んでいます。バスは安くて便利ですが、とても混んでいるためお勧めできません。バイクタクシーも便利ですが安全運転とは言えないので、慣れていない人はあまり乗らない方がいいでしょう。一番のお勧めはタクシーです。

　シクロは、三輪車の前方に人や荷物を乗せるシートがあり、人力によりドライバーが運転するベトナムの独特の乗り物です。昔はベトナム人の交通の手段の一つとして使われていましたが、最近はほとんど観光客しか乗りません。

アクティビティ編

　ベトナム旅行では、観光地を巡る以外にも、伝統芸能の鑑賞やエステなどさまざまなアクティビティにチャレンジすると旅行はいっそう楽しくなります。基本的なフレーズと単語を紹介しますので、必要に合わせて使ってみましょう。

伝統芸能の鑑賞

[劇場の窓口で]

① 宮廷舞踊のチケットはありますか。

Có vé xem múa cung đình không?
コー ヴェー セム ムア クン ディン コン

言い換え		
	当日券	vé trong ngày ヴェー チョン ガイー
	割引券	vé giảm giá ヴェー ザム ジャ
	招待券	vé mời ヴェー モイ
	前売り券	vé bán trước ヴェー バン チュオック
	映画のチケット	vé xem phim ヴェー セム フィム
	水上人形劇のチケット	vé xem múa rối nước ヴェー セム ムア ゾイ ヌオック
	コンサートのチケット	vé xem hòa nhạc ヴェー セム ホア ニャック

伝統芸能の鑑賞

宮廷歌のチケット	**vé xem hát cung đình** ヴェー セム ハッ クン ディン
ディナーショーの チケット	**vé ăn tối xem biểu diễn nghệ thuật** ヴェー アン トイ セム ビエウ ジエン ゲー トゥアッ
カチュのチケット	**vé xem ca trù** ヴェー セム カー チュー

❈ 水上人形劇 ❈

　水上人形劇は11世紀頃から紅河デルタの村で上演されていました。1990年代にベトナムの観光資源として見直されてからハノイやホーチミン市に水上人形劇を行う劇場がつくられました。

　ヒモで操られたコミカルな人形がテンポの早い民謡に乗って水面で動きます。劇の題材はベトナムの民話、伝説、神話など、ベトナムの人々に親しみのあるものが多いです。

リラクゼーション

予約をする

1 明日予約をしたいのですが。

Tôi muốn đặt chỗ ngày mai.
トイ　ムオン　ダッ　チョ　ガイー　マイ

言い換え

今日の午後	chiều nay チエウ ナイー
今晩	tối nay トイ ナイー
明日の午前中	sáng mai サン マイ
明後日	ngày kia ガイー キア

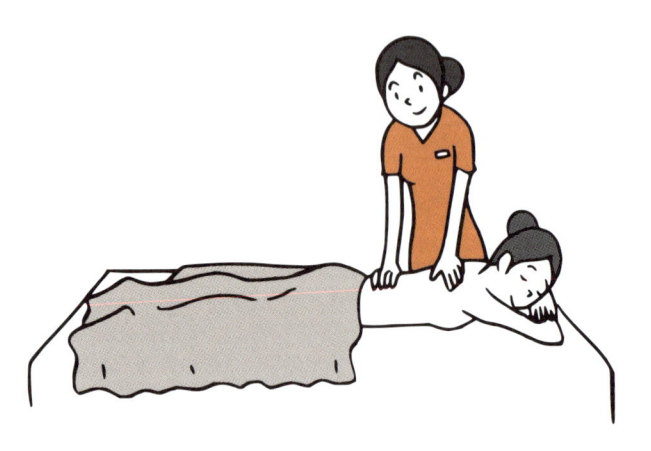

リラクゼーション

時間を指定する

2 午後3時にします。
Cho tôi 3 giờ chiều.
チョー トイ バー ゾー チエウ

言い換え		
	午前9時	9 giờ sang チン ゾー サン
	午前11時	11 giờ trưa ムオイモッ ゾー チュア
	午後4時	4 giờ chiều ボン ゾー チエウ
	夕方6時	6 giờ tối サウ ゾー トイ
	夜8時	8 giờ tối タム ゾー トイ
	明日の12時	12 giờ trưa mai ムオイハイ ゾー チュア マイ

133

定番フレーズ

リラクゼーションを申し込む

◎ 予約はできますか。
Tôi có thể đặt trước không?
トイ コー テー ダッ チュオック コン

◎ 1日いくらですか。
Một ngày bao nhiêu tiền?
モット ガイー バオ ニエウ ティエン

◎ 半日いくらですか。
Nửa ngày bao nhiêu tiền?
ヌア ガイー バオ ニエウ ティエン

◎ 1時間いくらですか。
1 tiếng bao nhiêu tiền?
モッ ティエン バオ ニエウ ティエン

トラブル編

　旅行中、決してトラブルが起きないこととは限りません。うっかり持ち物を失くしたり、盗難に遭ったりしてトラブルが起こってしまったときに、あわてずに助けを求めたり、周りにきちんと説明したりしましょう。このコーナーではさまざまなトラブルに対応できる簡単なフレーズ紹介します。

定番フレーズ

緊急時に声をあげる

◎ 誰か！
Có ai không?
コー アイ コン

◎ 助けて！
Cứu tôi với!
クウ トイ ヴォイ

◎ 泥棒だ！
Cướp!
クオップ

◎ やめて！
Dừng lại!
ズン ライ

◎ 火事だ！
Cháy!
チャイー

◎ あの男を捕まえて！
Bắt người đàn ông đó!
バッ グオイ ダン オン ドー

◎ 警察を呼んで！
Hãy gọi cảnh sát!
ハイー ゴイ カイン サッ

◎ 救急車を呼んで！
Hãy gọi xe cấp cứu!
ハイー ゴイ セー カップ クウ

◎ 早く逃げろ！
Trốn nhanh thôi!
チョン ニャイン トイ

❋ **紛失・盗難に備える** ❋

道や観光地で物を盗まれた場合、近くの交番に行って届けましょう。タクシーは普通、領収書を発行してくれませんが、タクシーの料金メーターの近くに車両番号と運転手の情報が記載されています。また、小さなホテルの金庫にはなるべく貴重品を入れないようにしましょう。

◎ パスポートを失くしました。
Tôi bị mất hộ chiếu.
トイ ビ マッ ホ チエウ

◎ 財布を盗まれました。
Tôi bị lấy cắp ví.
トイ ビ ライー カップ ヴィ

◎ 警察はどこですか。
Cảnh sát ở đâu?
カイン サッ オー ダウ

◎ もう一度調べてください。
Hãy tìm thêm 1 lần nữa.
ハイー ティム テム モッ ラン ヌア

◎ 見つかったら
知らせてください。
Tìm thấy thì báo cho tôi.
ティム テイー ティー バオ チョ トイ

◎ クレジットカードを
無効にしてください。
Hãy vô hiệu thẻ tín dụng.
ハイー ヴォ ヒエウ テー ティン ズン

事故のときに言う

◎ 交通事故を起こしました。
Tôi gây ra tai nạn giao thông.
トイ ガイ ザ タイ ナン ザオ トン

◎ 私は関係ありません。
Tôi không liên quan.
トイ コン リエン クアン

◎ 車にはねられました。
Tôi bị ô tô chèn.
トイ ビ オー トー チェン

◎ あの男性が見ていました。
Người đàn ông kia đã nhìn thấy.
グオイ ダン オン キア ダー ニン テイー

◎ けがをしました。
Tôi bị thương
トイ ビ トゥオン

◎ 事故証明書をください。
Cho tôi giấy chứng nhận tai nạn.
チョー トイ ゼイー チュン ニャン タイ ナン

◎ 私は悪くありません。
Tôi không sai.
トイ コン サイ

病院で言う

◎ 内科はどこですか。
Khoa nội ở đâu?
コア ノイ オー ダウ

◎ 気分が悪いです。
Tôi thấy khó chịu.
トイ テイー コー チウ

◎ 咳が止まりません。
Tôi bị ho liên tục.
トイ ビ ホー リエン トゥック

◎ 熱があるようです。
Hình như tôi bị sốt.
ヒン ニュ トイ ビ ソッ

◎ 頭が痛いです。
Tôi bị đau đầu.
トイ ビ ダウ ダウ

◎ 食欲がありません。
Tôi không muốn ăn uống.
トイ コン ムオイ アン ウオン

◎ お腹が痛いです。
Tôi bị đau bụng.
トイ ビ ダウ ブン

◎ アレルギー体質です。
Tôi bị dị ứng.
トイ ビ ジ ウン

◎ 風邪を引いたみたいです。
Hình như tôi bị cảm.
ヒン ニュ トイ ビ カム

◎ 呼吸が苦しいです。
Tôi khó thở.
トイ コー トー

◎ 生理中です。
Tôi đang có tháng.
トイ ダン コー ターン

◎ 旅行保険に入っています。
Tôi có bảo hiểm du lịch.
トイ コー バオ ヒエム ズー リック

薬局で言う

◎ 頭痛薬ありますか。
Có thuốc đau đầu không?
コー トゥオック ダウ ダウ コン

◎ 風邪薬ありますか。
Có thuốc cảm không?
コー トゥオック カム コン

◎ 下痢止めありますか。
Có thuốc tiêu chảy không?
コー トゥオック ティエウ チャイー コン

●身体部位の単語

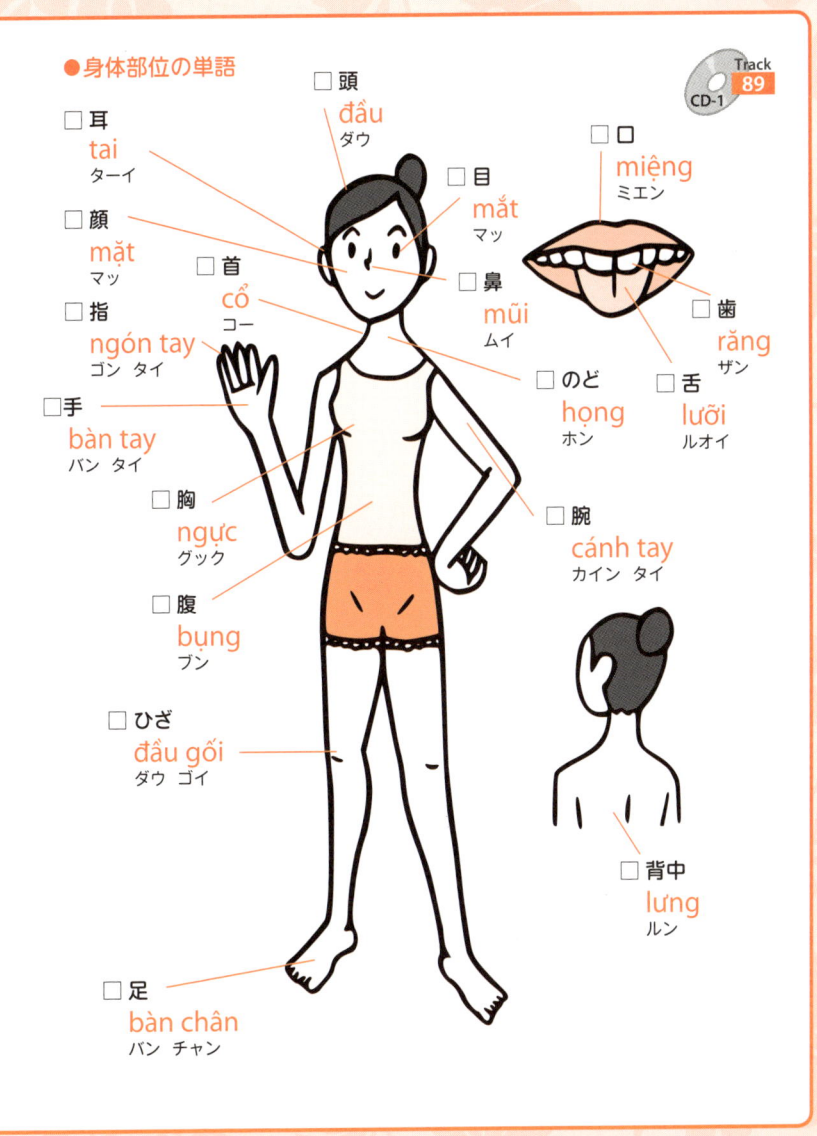

- □ 耳 tai ターイ
- □ 顔 mặt マッ
- □ 指 ngón tay ゴン タイ
- □ 手 bàn tay バン タイ
- □ 頭 đầu ダウ
- □ 目 mắt マッ
- □ 鼻 mũi ムイ
- □ 首 cổ コー
- □ 口 miệng ミエン
- □ 歯 răng ザン
- □ のど họng ホン
- □ 舌 lưỡi ルオイ
- □ 胸 ngực グック
- □ 腹 bụng ブン
- □ 腕 cánh tay カイン タイ
- □ ひざ đầu gối ダウ ゴイ
- □ 背中 lưng ルン
- □ 足 bàn chân バン チャン

さくいん

【あ】
アイシャドー ……………………… 104
アイスブラックコーヒー ……………… 79
アイスミルクコーヒー …………… 79/158
アイブロー ………………………… 104
アイライナー ……………………… 104
アイロン …………………………… 57
アイロンがけ ……………………… 58
和えもの ………………………… 159
アオザイ ………………………… 166
アオザイのお店 …………………… 93/161
青パパイヤのサラダ ………………… 69/158
青米のチェー ……………………… 82
赤 ……………………… 12/42/95/162
アカガイ焼き ……………………… 72
赤ワイン …………………………… 36
赤ワイングラス ……………………… 68
揚げ春巻き ……………………… 69/155
揚げバナナ ……………………… 84/158
揚げもの ………………………… 159
朝 ……………………………………… 26
麻 ………………………………… 97/163
明後日 …………………………… 31/132
足 ………………………………… 139
味が薄い ………………………… 159
味が濃い ………………………… 159
明日 ……………………………… 31/132
明日の午前中 …………………… 132
あそこです ……………………… 21
頭 ………………………………… 139
頭が痛い ………………………… 138
新しいものをください …………… 106
脂っこい ………………………… 159
アボカドのシントー …………… 80/158
甘い ……………………………… 159
甘酸っぱいスープ ………………… 70
編み笠 …………………………… 110/166
ありがとうございます ……………… 20
あれ ………………………………… 10
あれください ……………………… 106
あれを見せてください …………… 106
アレルギー体質 …………………… 138
アンクレット …………………… 101/164
案内所 …………………………… 148
安南染 ………………………… 111/166

【い】
イアリング ……………………… 101
いいえ …………………………… 21
イカ一夜干し焼き ……………… 72/156
イカの生姜蒸し …………………… 72
イカのセロリ炒め ……………… 72/156
イカの肉詰め ……………………… 72
行きたい …………………………… 11
いぐさでできたカバン …………… 110/166
いくら ………………………… 20/23/134
医者 ……………………………… 41/174
椅子 ………………………………… 61
炒めもの ………………………… 159
イチゴのシントー …………………… 81
市場 ……………………………… 92/161
胃腸炎 …………………………… 175
いつ ………………………………… 23
一緒に払う ……………………… 160
一柱寺 …………………………… 119/169
いらっしゃいませ ………………… 107
入口 ……………………………… 124
要りません ………………………… 20
インターコンチネンタルホテル …… 48
インターネットを使う …………… 54/152
インテリア雑貨 …………………… 166

【う】
ウイスキー ………………………… 43
上 …………………………………… 28
ウェイター ……………………… 78/160
ウェイトレス …………………… 78/160
ウエットティッシュ ……………… 103
後 …………………………………… 28
腕 ………………………………… 139
腕時計 …………………………… 101/164
ウナギのお粥 …………………… 76/157
ウナギのスープ …………………… 70
ウナギの春雨スープ …………… 75/155
海 ………………………………… 117
漆絵 ……………………………… 111/166
ヴンタウ ………………………… 116/168

【え】
エアコン ………………………… 60/61/152
映画館 …………………………… 118
映画のチケット ………………… 130/172
英語のメニュー ………………… 67/154
エキストラベッド ………………… 51
エスカレーター ………………… 124
エステ ……………………………… 52
海老すり身のサトウキビ巻き ……… 69
海老の黒しょう塩焼き …………… 72
海老のココナッツジュース蒸し …… 72
海老のタリマンド炒め ………… 72/156
海老の唐辛子レモングラス炒め …… 72
エメラルド ……………………… 102/165
エレベーター ……………………… 56/124
延泊する ………………………… 54/151

【お】
おいしい ………………………… 159
おいしくない ……………………… 159
大きい ……………………………… 42
オーストラリアドル ……………… 45
お金 ……………………………… 174
お粥 ……………………… 35/59/153
お会計 …………………………… 112/167
お焦げのご飯 …………………… 76/157
お手拭き …………………………… 86
一昨日 …………………………… 31
大人 ……………………………… 125
大人1枚 ………………………… 171
お腹が痛い ……………………… 138
オペラハウス …………………… 119/168
お土産屋 ……………………… 93/124/161
お湯 ………………………………… 60
オレンジ ………………………… 95/162
オレンジジュース ……………… 36/68
お椀 ……………………………… 111/167

【か】
カーテン …………………………… 61
会議室 …………………………… 152
会計 ………………………………… 86
海藻寒天のチェー ……………… 83/158
会社員 …………………………… 41/149
顔 ………………………………… 139
カオラウ ………………………… 69/155
鏡 ……………………………… 62/109/153
カギ …………………………… 55/60
学生 ……………………………… 41/149
学生1枚 ………………………… 125
傘 …………………………………… 99
火事 ……………………………… 136
華人街 チョロン ……………… 122/170
カスタードアップル ……………… 85
風邪薬 …………………………… 138
風邪を引く ……………………… 138
カチュのチケット ……………… 131/172
カニのスープのうどん ………… 75/157
カニスープのビーフン …………… 75
カニの甘酸っぱいスープ ………… 155
カニのスープ ……………………… 70
カバン屋 ………………………… 93/161
かまいません ……………………… 20
カメラ ……………………………… 43
鴨の春雨スープ ………………… 75/157
からい …………………………… 159
仮縫い …………………………… 106/167
革 ……………………………… 97/163
かわいい ………………………… 108
革靴 ……………………………… 100
川クルーズツアー ……………… 115
革製の ……………………………… 42
為替レート ……………………… 149
還剣湖 …………………………… 119/168
観光 ……………………………… 39/149
観光案内パンフレット ………… 114
看護師 …………………………… 41/174
館内案内 ………………………… 124/171
館内案内図 ……………………… 125
乾杯 ……………………………… 160
缶ビール ………………………… 68/155

【き】
黄色 ……………………………… 95/162
気温 ……………………………… 148
生地 …………………………… 108/109/167
喫煙席 …………………………… 66/154
喫煙ルーム ……………………… 50/150
喫茶店 …………………………… 124
昨日 ……………………………… 31
絹 ………………………………… 97/163
ギフト用に包んで ……………… 105
気分が悪い ……………………… 138
客室 ………………………………… 53
客室料金 ………………………… 150
キャッシャー ……………………… 53
キャンセルをする ……………… 54/150
キャンドル ……………………… 112/167
キャンプ ………………………… 173
牛革 ………………………………… 97
休憩所 …………………………… 173
旧市街地図 ……………………… 114
宮廷歌のチケット ……………… 131/172
宮廷音楽ショー ………………… 119/168
宮廷舞踊のチケット …………… 130/172
宮廷料理 ………………………… 65/154
牛肉 …………………………… 35/146
牛肉のセロリ炒め ……………… 71/155
牛肉の玉ねぎ炒め ……………… 71
牛肉のパイナップル炒め ……… 71
牛肉のフォー …………………… 75/156
救急車 …………………………… 136
救命胴衣 ………………………… 38
今日 ……………………………… 31
今日の午後 ……………………… 132

✱ さくいん ✱

教師･･････････････････････････41
居住国･････････････････････147
去年･･･････････････････････････32
きれい･･･････････････････････108
金･･･････････････････102/164
銀･･･････････････････102/164
禁煙席････････････････････66/154
禁煙ルーム･･････････････50/150
緊急救命センター･････････174
緊急事態････････････････174
金庫･･･････････････････････61
銀行･･･････････････････44/149
巾着･･･････････････････112/167

【く】
空軍博物館･･････････････120/169
空港･･･････････････････148
空室あり･･･････････････150
空芯菜の牛肉炒め･･･････73
空芯菜のサラダ･････････69/155
空芯菜のニンニク炒め･･･73
くし･･･････････････････62/153
クチ･･･････････････････123/170
口･･･････････････････････139
口紅･･･････････････････104/165
靴下････････････････99/165
クッション･･････････112/167
靴屋･････････････････93/161
首････････････････････139
グラス･･･････････････78/160
クラッシュアイスと混ぜたヨーグルト･･84/158
グランドプラザホテル････48
車････････････････137/171
グレー･･････････････････95
クレジットカード････86/137/151/174
クレジットカードで支払う････54
クレンジングオイル････103
黒･･････････････42/95/162
黒いもち米が入っているヨーグルト････84/158
クローゼット･･･････････61
黒豆のおこわ･････････････77
黒豆のチェー････････83/158
軍事博物館･･････････････120

【け】
警察･･････････････････136
ゲーム･････････････････44
けがをした･･････････････137
劇場･････････････････118
化粧室･･････････14/34/124/146
化粧水･･･････････104/165
化粧品････････････････44
血液型････････････････174
解熱剤････････････････175
下痢止め････････････････138
現金･･･････････45/54/151
現金で支払う･････････････54
現地時間･･････････････147

【こ】
紅安南･･･････････････111/166
更衣室････････････････173
公園･････････････････118
交差点････････････････171
抗生物質･･･････････････175
紅茶･･････････････････36
香水･･･････････････105/165
合成皮革･･･････････････97
香草････････････････73/156

交通事故･･･････････････137
強盗･･････････････････174
交番･･････････････････171
公務員････････････････41
コーヒー･････10/36/59/146
コーヒーショップ･･････56/124
コーヒー豆･･･････････110/166
コーヒーラウンジ･･････52/152
ゴーヤの肉詰めスープ････70/156
コーラ･･････････････････36
呼吸が苦しい･････････････138
国際電話････････････152
国際電話をかける･････54
国籍･･････････････････147
午後･･････････････････26
ここです･･･････････････21
ココナッツジュース･･････68/155
ココナッツの実に入ったアイスクリーム････84
ここに連れて行って･････47
ここに停めて･･･････････47
個室･･････････････････66
こしょう･･･････････････37
小銭･･･････････････46/149
骨折･･････････････････175
今年･･････････････････32
子供1枚･･･････････125/170
子供用メニュー･････････67
琥珀･････････････････164
コリアンダー･･･････････74
ゴルフ･･･････････････173
ゴルフクラブ･･･････････173
ゴルフ場･････････････173
ゴルフボール･････････173
これ･･････････････････10
これください････････106
これは何･･･････････････90
これより大きい･･････96/163
これより小さい･･････96/163
これより長い･･････････96/163
これより細い･･････････96/163
これより短い･･････････96/163
これよりゆったりした･･96/163
紺色･･･････････････42/95/162
今月･････････････････32
今週･････････････････32
コンサート･･･････････117
コンサートのチケット････130/172
コンシェルジュ････････53
コンセント･･････････････61
コンディショナー･････62/153
こんにちは･･･････････････20
今晩･･････････････････32
コンビニ･･･････････92/161

【さ】
サービス料･･･････････51/150
サイクリング････････････172
サイゴン港･････････122/170
サイズ･･･････････････107
採寸･････････････････108
財布･･･････････99/137/165
サウナ･･･････････52/56/151
魚･･･････････････････35/146
魚揚げのビーフン･･････75/156
魚の土鍋煮････････････72/156
詐欺･････････････････174
昨年･･････････････････32

雑貨のお店････････････93/161
さつま芋のチェー･･････82/158
砂糖･･････････････････37
サトウキビジュース･････68/155
サパ･･････････････116/168
サファイア･･･････････102
ザボン･････････････････85
ザボンのチェー･･････82/158
寒気がする･････････････175
さようなら･････････････20/107
皿･･････････････････111/167
サングラス･･･････････99
サンダル･･･････100/112/164
サンプル･･･････････109

【し】
シーツ･･･････････61/153
シートベルト･･･････････38
ジーンズ･･･････････94/162
シェラトンホテル･････39/149
塩･･････････････････37
時間･････････････････27
仕事･･････････････39/149
時差････････････････147
シジミのスープ･･････70/156
刺繍････････････････12/109
刺繍絵･････････････111/166
刺繍のお店････････93/161
システムエンジニア･････41
シソ･･････････････････74
下･･･････････････････28
舌･･････････････････139
下地･････････････････104
七分丈･･･････････････98
試着･････････････････106
試着室････････････････109
自転車･････････････171
自転車貸出し所･･････173
市内観光ツアー･････115/168
市内地図･････････････114
シニア････････････････125
ジャケット･････････94/162
写真･･････････11/17/126
ジャム･･････････････････59
シャワー･･････････62/153
シャワー室････････････173
シャンプー･････62/103/153
手術･････････････････174
出国カード････････････147
出国審査････････････148
出発･･････････････128/148
純金･･････････････････102
上級者････････････････173
少数民族の布･･･････110/166
招待券･･････････････130
商店街････････････････92
常備薬･････････････44/149
食中毒････････････････175
食欲がない････････････138
食料品店･･･････････93/161
初心者････････････････173
女性･････････････････147
しょっぱい････････････159
書店･･････････････････93
所要時間････････････128
ショルダーバッグ･･････100
シルク････････････････97

141

シルク製品	……………………	112/167
シルクのお店	……………………	93/161
シルバー	……………………	42
白	……………………	95/162
白ワイン	……………………	36
シンガポールドル	……………………	45
シングルルーム	……………………	50/150
信号	……………………	171
親戚の家	……………………	40
深夜	……………………	26

【す】

水泳	……………………	172
スイカのシントー	……………………	80/157
水晶	……………………	102/165
水上生活体験ツアー	……………………	115/168
水上人形劇	……………………	11/117/168
水上人形劇のチケット	……………………	130/172
水上人形劇の人形	……………………	11/166
スーツケース	……………………	100/148/164
すっぱい	……………………	159
スーパーマーケット	……………………	92/161
スカート	……………………	94/162
スカーフ	……………………	99/165
頭痛	……………………	175
頭痛薬	……………………	138
ストッキング	……………………	99/165
スニーカー	……………………	100/164
スプーン	……………………	78/162
ズボン	……………………	162
すみません	……………………	20/37
スリ	……………………	174
スリット	……………………	98/164

【せ】

税関申告カード	……………………	34/148
税金	……………………	51
聖母マリア教会	……………………	122/170
姓名	……………………	147
生理中	……………………	138
席	……………………	14/34/37/146
咳が止まらない	……………………	138
石けん	……………………	62/103/165
背中	……………………	139
背もたれ	……………………	38
セラドン(青磁)	……………………	111/166
洗顔フォーム	……………………	103/165
専業主婦	……………………	41
先月	……………………	32
洗剤	……………………	103
先週	……………………	32
扇子	……………………	112/167
戦争遺跡	……………………	118
戦争証跡博物館	……………………	123/170
喘息	……………………	175
全部でいくらですか	……………………	90
洗面台	……………………	62/153

【そ】

総合病院	……………………	174
そうですか	……………………	21
そこです	……………………	21
袖なし	……………………	109
外	……………………	28
ソファー	……………………	61
ソフィテルプラザホテル	……………………	48
それ	……………………	10

【た】

体温計	……………………	57
大学の寄宿舎	……………………	39
大教会	……………………	119/168
大丈夫です	……………………	21
タオル	……………………	62/153
タクシー	……………………	171
タクシー乗り場	……………………	14/47
タクシーを呼んで	……………………	55
助けて	……………………	136
卓球	……………………	172
ダナン	……………………	116/168
タニシの生姜蒸し	……………………	72/156
タバコ	……………………	17/43/127/149
ダブルルーム	……………………	50/150
食べたい	……………………	11
食べる	……………………	154
卵のバインミー	……………………	88
タムコック	……………………	119/169
ダラット	……………………	116/168
だるい	……………………	175
だれ	……………………	23
誰か	……………………	136
男性	……………………	147

【ち】

小さい	……………………	42
チェックアウト	……………………	11/54/150
チェックイン	……………………	54/150
遅延	……………………	148
チケット	……………………	128
チケット売り場	……………………	124/171
地図	……………………	55/114/152/168
チャーハン	……………………	35/76/146/157
チャガラボン	……………………	64
茶器	……………………	111/167
着陸	……………………	147
チャム彫刻博物館	……………………	121/170
中央郵便局	……………………	122/170
注射	……………………	174
注文	……………………	87
注文していない	……………………	160
注文する	……………………	154
朝食	……………………	151
朝食代	……………………	51
腸詰めのバインミー	……………………	88
調味料	……………………	78/160
調理人	……………………	78
チョロン	……………………	122/170
鎮痛剤	……………………	175

【つ】

ツインルーム	……………………	50
通路側の席	……………………	38/146
冷たいお茶	……………………	68
釣り	……………………	173
ツルムラサキのスープ	……………………	70/156

【て】

手	……………………	139
ティー湖	……………………	119/169
ティエンム寺	……………………	121
ディナーショーのチケット	……………………	131/172
定年退職者	……………………	41
ディル	……………………	74
デーヴーホテル	……………………	48
テーブル	……………………	38/61
出口	……………………	14/34/124/146
デザートメニュー	……………………	67
デジタル時計	……………………	101
テニス	……………………	172
テニスボール	……………………	172
テニスラケット	……………………	172
デパート	……………………	92/161
手袋	……………………	99
テレビ	……………………	60/61/152
電球	……………………	60
電池	……………………	103
点滴	……………………	174
伝統音楽ショー	……………………	117/168
電話	……………………	60

【と】

ドアマン	……………………	53
トイレ	……………………	56/60
統一会堂	……………………	122/170
陶器のお店	……………………	161
陶磁器	……………………	161
当日券	……………………	130/172
到着	……………………	148
糖尿病	……………………	175
豆腐の肉詰めトマトソース煮	……………………	71
トウモロコシのチェー	……………………	83/158
どうやって	……………………	23
読書灯	……………………	38
ドクダミ	……………………	74
どこ	……………………	23
渡航先住所	……………………	147
登山	……………………	172
とてもおいしい	……………………	159
トマトのシントー	……………………	81
友達へのお土産	……………………	44
ドライクリーニング	……………………	58
ドライヤー	……………………	57/62/152
ドラゴンフルーツ	……………………	85
ドラゴンフルーツのシントー	……………………	81
トランク	……………………	47
ドリアンのシントー	……………………	81/157
取り皿	……………………	86
鳥手羽先のヌクマム揚げ	……………………	71
鶏肉	……………………	35/146
鶏肉のお粥	……………………	76
鶏肉のおこわ	……………………	77
鶏肉のご飯	……………………	76
鶏肉の塩炒め	……………………	71
鶏肉の生姜炒め	……………………	71
鶏肉のフォー	……………………	75
鶏肉のレモン葉蒸し	……………………	155
トリプルルーム	……………………	50
ドリンクメニュー	……………………	67/154
トレーニングジム	……………………	52/151
泥棒	……………………	136
ドン	……………………	45/149
ドンコイ通り	……………………	122/170
ドンスアン市場	……………………	119/169
豚足のビーフン	……………………	75/157
ドンホー版画	……………………	110/166

【な】

内科	……………………	138
ナイトクラブ	……………………	56
ナイロン	……………………	97/163
中	……………………	28
長ズボン	……………………	94
長袖	……………………	98/109
ナギナタコウジュ	……………………	74
なぜ	……………………	23
何	……………………	23
ナプキン	……………………	103

✳ さくいん ✳

生春巻き	69/155
生ビール	68/86/154
生野菜	86
何月	30
何時	20/25
何日	29
何人前	87
南部女性博物館	123
何名様	87/154

【に】
日航ホテル	40/149
日本円	45
日本語新聞	12/34/146
日本語の案内	124
日本語のパンフレット	125/171
日本語のメニュー	67/154
日本語雑誌	34/174
日本語を話す医者	174
日本酒	43
日本大使館	149
日本のお菓子	44
荷物	47
荷物棚	38
荷物の受取所	14/42/148
荷物を預かって	55
ニャチャン	116/168
乳液	104
入国カード	34/147
入国審査	148
入場料	128/171
にんじんのシントー	81

【ね】
ネクタイ	99
ネクタイピン	101
熱	175
熱がある	138
ネックレス	101/164
値引きして	105
値札を取って	105
捻挫	175

【の】
ノースリーブ	98/164
ノコギリコリアンダー	74
喉	139
喉の痛み	175
飲みたい	11
飲み物	87
飲む	154

【は】
歯	139
バー	56
パール	102/164
はい	21
ハイキング	173
バイク	174
歯医者	174
歯痛	175
パイナップルのシントー	80
ハイヒール	100/164
ハイフォン	116/168
入る	127
パインカイン	65
吐き気	175
白磁	111/166
博物館	118

箸	78/160
バジル	74
バス	171
バスケットボール	173
バスタブ	62/153
ハス茶	93
ハス茶のお店	93/161
バス停	171
ハスの茎のサラダ	69
ハスの炊き込みご飯	76
ハスの実のチェー	83/158
パスポート	137/148
パスポート番号	147
バスルーム	62/153
バター	105
パック	105
パッションフルーツジュース	68/155
バッチャン村	119/169
バッチャン焼き	110/166
バディン広場	119/169
パテのバインミー	88/159
バドミントン	173
鼻	139
花刺繍	112/167
バナナのシントー	80
バナナのチェー	83
花屋	93/161
ハノイ	116/168
ハノイ博物館	120
パパイヤ	85
パパイヤのシントー	80/157
歯ブラシ	62/103/153/165
歯磨き粉	103/153/165
早く逃げろ	136
ハヤウリの新芽のニンニク炒め	73/156
腹	139
バレーボール	173
ハロン湾	119/169
ハンカチ	99/112/165/167
ハン川	121/170
半ズボン	94/162
半袖	98/163
ハンドクリーム	105
ハンドバッグ	100/164
半日ツアー	115

【ひ】
ピアス	101/164
ビーズ製品	112/167
ヒーター	61
ピーナッツのおこわ	77/157
ビーフシチューのバインミー	88/159
ビール	36
火が通っていない	160
日帰りツアー	115
ひげ剃り	62/103
飛行時間	147
ひざ	139
ビジネス	39
美術館	118
非常口	34/146
左	28
日焼け止めクリーム	104/165
ビリヤード	172
昼	25
ヒルトンホテル	40
ピンク	95/162

瓶ビール	68/155
(飛行機の)便名	147

【ふ】
ファックスを送る	54/152
ファンデーション	104/165
プール	52/151
フエ	116/168
フエ宮廷美術館	121/170
フエ古都遺跡群	121/169
フエのチェー	82/158
フエ風牛肉のビーフン	64
フォー	12/59/64
フォーク	78/160
フォン川	121/170
フォン寺	119/169
フォンニャケバン国立公園	121/169
複製	126
豚革	97
豚スペアリブの甘酸っぱい炒め	71/155
豚スペアリブのお粥	76
豚スペアリブのご飯	76
豚スペアリブのビーフン	75
豚肉と卵のおこわ	77/157
豚肉のココナッツジュース煮	71
豚肉のココナッツジュース蒸し	156
二日酔い	175
フットレスト	38
フティエウ	65
ブラウス	94/162
ブランド	38
プラグの変換アダプター	57
プラチナ	102
プリン	84
ブレスレット	101
フレンチトースト	59/153
ブローチ	101
フロント	56
フロントデスク	53
紛失手荷物の窓口	42/148
ブンタン	75/156
文鎮	18/119/169
ブンボーナムボ	65

【へ】
ベージュ	95
米ドル	45/149
ベッド	61/153
別に包んで	105
別々に払う	160
別料金	151
ベトナム軍防暑帽	110/166
ベトナムコーヒー	79
ベトナム女性博物館	120/169
ベトナム製タバコ	110/166
ベトナム美術館	120/169
ベトナム風お好み焼き	64
ベトナム風ドーナツ	84/158
ベトナム料理	154
ベトナム歴史博物館	120/169
ベルボーイ	53
部屋	50
部屋のカギ	152
部屋を替える	54/152
部屋につけて	55
部屋まで運んで	55
便器	62
ベンタイン市場	122/170

143

【ほ】

ホイアン……116/168
貿易陶磁博物館……121/170
宝石店……93/161
ほお紅……104
ポーチ……112/167
ホーチミン市……116/168
ホーチミン市人民委員会会堂……122/170
ホーチミン市博物館……123
ホーチミン博物館……120/169
ホーチミン廟……119/169
ほお紅……104
ボーリング……173
ポスト……171
ボストンバッグ……100/164
発作……175
ホットブラックコーヒー……79/158
ホットミルクコーヒー……79
ポット……60/152
ボディークリーム……105
ボディーソープ……62
ボディータオル……103
ホテルのフロント……44
ホテルの部屋……61/152
ポラロット……71
ポリエステル……97/163
ホリゾンホテル……48
ホワイトローズ……69/155
香港ドル……45
本物……126

【ま】

前……28
前売り券……130/172
前金……51/150
巻きフォー……64
枕……34/61/153
マスカラ……104
マスク……99
また来ます……21/106
待合室……154
待つ……154
マッサージルーム……52
窓側の席……38/66/146
祭り……117
マニュキア……105/165
丸首……98
マンゴー……85
マンゴーのシントー……80/157
満室……150

【み】

ミークアン……65
ミーケービーチ……121/170
ミーソン遺跡……121/170
右……28
水色……95
湖……117
ミックスチェー……82/158
見ているだけです……106
緑……95
緑色……162
ミネラルウォーター……36
身の回りのもの……44
耳……139
ミュール……100
見る……127
ミルク……37

ミルクフルーツ……85
民族博物館……120
民族文化博物館……120
ミント……74

【む】

蒸したもの……160
蒸し春巻き……69
胸……139
紫……95/162

【め】

目……139
名刺……55
メーター……47
メコンデルタ……123/170
目覚まし時計……61/152
目玉焼き……59/153
メトロポールホテル……48
メニュー……67/78/154
めまいがする……174
メリアホテル……48
綿……97/163
免税店……92/161
綿棒……62

【も】

毛布……34/61/146/153
もう一度言ってください……20
もう一杯……36
モーニングコール……58
目的地……147
持ち込み禁止品……148

【や】

焼いたもの……159
焼豚肉のバインミー……88
焼豚肉のビーフン……64
安い……12
薬局……92/161
ヤナギタデ……74
山……117
やめて……136
やわらかい……160

【ゆ】

夕方……26
友人の家……40
友人へのお土産……149
郵便局……171
ユーロ……45
ゆで卵……59
ゆでたもの……160
湯飲み……78/111/167
指……139
指輪……101/164

【よ】

楊枝……78
洋食……35/146
ヨーグルト……59/84
呼び出しボタン……38
予約……86/134
予約をする……54/150/154
予約をしていない……154
夜……26

【ら】

来月……32
ライト……61/152
ライチ……85
来年……32
ランチメニュー……67

ランプタン……85

【り】

リップクリーム……105/165
リップグロス……105
留学……39
竜眼……85
リュック……100
両替したい……11
両替所……14/44/148
両替控え……46
領収書……10/46/55/86/149
緑茶……36
緑豆と揚げネギをまぶしたおこわ……77/157
緑豆のおこわ……77
緑豆のチェー……82/158
旅行保険……138
離陸……147
リンゴジュース……36
りんごのシントー……81

【る】

ルームサービス……58
ルビー……102/165

【れ】

冷蔵庫……60/61/152
レーヨン……97
歴史遺跡……118
レストラン……56
レセプショニスト……53
レックスホテル……48
レモン……37
レンタル代……173

【ろ】

ロビー……53/150
竜眼……85
ロンガンのチェー……83/158

【わ】

ワイン……43/149
和食……35/146
割引券……130/172
ワンピース……94/162

[数字・英語]

100グラム……89
500グラム……89/90
1キロ……89
1つ……10/89/150
1階……51
1泊あたり……51
1泊2日ツアー……115
1人あたり……51
1箱……89
1匹……89
1袋……89
1部屋あたり……89/150
2階……151
2名……154
3階……151
4名……154
18金……102
50万円……102
S〜XLサイズ……96/163
Tシャツ……94/162
Vネック……98/163
VN954便のターンテーブル……42
Yシャツ……94/162

すぐに使える
旅単語集500語

　シーンごとによく使われる旅単語をまとめました。旅先のさまざまなシーンで使いたい単語がすぐに見つかります。
　CD-2には単語が「ベトナム語→日本語→ベトナム語」の順に収録されています。耳からもバッチリ単語が覚えられます。

機内・空港編

- □ 席
  - 名 chỗ của tôi
  - チョー クア トイ

- □ 窓側の席
  - 名 ghế cạnh cửa sổ
  - ゲー カイン クア ソー

- □ 通路側の席
  - 名 ghế cạnh lối đi
  - ゲー カイン ロイ ディ

- □ 化粧室
  - 名 nhà vệ sinh
  - ニャ ヴェ シン

- □ 出口
  - 名 lối ra
  - ロイ ザー

- □ 非常口
  - 名 lối thoát hiểm
  - ロイ トアッ ヒエム

- □ 毛布
  - 名 cái chăn
  - カイ チャン

- □ 日本語新聞
  - 名 báo tiếng Nhật
  - バオ ティエン ニャッ

- □ 日本語雑誌
  - 名 tạp chí tiếng Nhật
  - タップ チ ティエン ニャッ

- □ 鶏肉
  - 名 thịt gà
  - ティッ ガー

- □ 牛肉
  - 名 thịt bò
  - ティッ ボー

- □ 魚
  - 名 cá
  - カー

- □ 和食
  - 名 món ăn Nhật
  - モン アン ニャッ

- □ 洋食
  - 名 món ăn Âu
  - モン アン アウ

- □ チャーハン
  - 名 cơm rang (北部) / cơm chiên (南部)
  - コム ザン / コム チエン とも言います。

- □ コーヒー
  - 名 cà phê
  - カー フェー

- ☐ 離陸
  - 名 cất cánh
  - ケット カイン

- ☐ 着陸
  - 名 hạ cánh
  - ハ カイン

- ☐ 現地時間
  - 名 thời gian nơi đến
  - トイ ザン ノイ デン

- ☐ 飛行時間
  - 名 thời gian bay
  - トイ ザン バイ

- ☐ 時差
  - 名 giờ chênh lệch
  - ゾ チェイン レック

- ☐ 目的地
  - 名 điểm đến
  - ディエム デン

- ☐ 姓名
  - 名 họ tên
  - ホ テン

- ☐ 国籍
  - 名 quốc tịch
  - クオック ティック

- ☐ 男性
  - 名 nam
  - ナム

- ☐ 女性
  - 名 nữ
  - ヌー

- ☐ 居住国
  - 名 quốc gia sinh sống
  - クオック ザ シン ソン

- ☐ 便名
  - 名 chuyến bay
  - チュイエン バイー

- ☐ パスポート番号
  - 名 số hộ chiếu
  - ソ ホ チェウ

- ☐ 渡航先住所
  - 名 địa chỉ nơi đến
  - ディア チ ノイ デェン

- ☐ 入国カード
  - 名 tờ khai nhập cảnh
  - トー カイ ニャップ カイン

- ☐ 出国カード
  - 名 tờ khai xuất cảnh
  - トー カイ スアッ カイン

機内・空港編

- □ 空港
  - 名 sân bay
  - サン バイー

- □ スーツケース
  - 名 va li
  - ヴァ リー

- □ 荷物受取所
  - 名 nơi nhận hành lí
  - ノイ ニャン ハイン リー

- □ パスポート
  - 名 hộ chiếu
  - ホ チェウ

- □ 税関
  - 名 hải quan
  - ハイ クアン

- □ 税関申告書
  - 名 khai báo thuế
  - カイ バオ トゥエ

- □ 気温
  - 名 nhiệt độ
  - ニイエッ ド

- □ 案内所
  - 名 quầy thông tin
  - クエイー トン ティン

- □ 紛失手荷物の窓口
  - 名 Nơi khai báo hành lí thất lạc
  - ノイ カーイ バオ ハイン リー タッ ラック

- □ 到着
  - 名 tới nơi
  - トイ ノイ

- □ 出発
  - 名 xuất phát
  - スアッ ファッ

- □ 遅延
  - 名 chậm
  - チャム

- □ 入国審査
  - 名 thẩm tra nhập cảnh
  - タムチャ ニャップ カイン

- □ 出国審査
  - 名 thẩm tra xuất cảnh
  - タムチャ スアッ カイン

- □ 持ち込み禁止品
  - 名 hàng cấm mang
  - ハン カム マン

- □ 両替所
  - 名 quầy đổi tiền
  - クエイー ドイ ティエン

- 銀行
  名 ngân hàng
  ガン ハーン

- 為替レート
  名 tỉ giá
  ティー ザー

- ドン
  名 Đồng
  ドン

- 米ドル
  名 Đô la Mĩ
  ドー ラー ミー

- 領収書
  名 hóa đơn
  ホア ドン

- 小銭
  名 tiền lẻ
  ティエン レー

- 観光
  名 du lịch
  ズー リック

- 仕事
  名 công việc
  コン ヴィエック

- 日航ホテル
  名 khách sạn Nikko
  カイック サン ニッコー

- シェラトンホテル
  名 khách sạn Sheraton
  カイック サン シェラトン

- 会社員
  名 nhân viên công ty
  ニャン ヴィエン コン ティ

- 学生
  名 học sinh
  ホック シン

- タバコ１カートン
  名 1 tút thuốc lá
  モット トゥット トゥオック ラー

- ワイン２本
  名 2 chai rượu vang
  ハイ チャイ ズオウ ヴァン

- 友人へのお土産
  名 quà cho bạn
  クアー チョー バン

- 常備薬
  名 thuốc dự phòng
  トゥオック ズ フォン

宿泊編

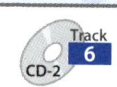

- フロント
  ㊁lễ tân
  レ タン

- ロビー
  ㊁sảnh
  サイン

- 予約する
  ㊉đặt trước
  ダッ チュオック

- キャンセルする
  ㊉hủy đặt phòng
  フイー ダッ フォン

- 満室
  ㊁kín phòng
  キン フォン

- 空室あり
  ㊉còn phòng trống
  コン フォン チョン

- シングルルーム
  ㊁phòng đơn
  フォン ドン

- ダブルルーム
  ㊁phòng đôi
  フォン ドイ

- 禁煙ルーム
  ㊁phòng không hút thuốc
  フォン コン フッ トゥオック

- 喫煙ルーム
  ㊁phòng được hút thuốc
  フォン ドゥオック フッ トゥオック
  ※đượcを省略して言うこともできます。

- チェックイン
  ㊁nhận phòng
  ニャン フォン

- チェックアウト
  ㊁trả phòng
  チャ フォン

- 客室料金
  ㊁tiền phòng
  ティエン フォン

- 1泊あたり
  ㊁1 đêm
  モッ デム

- 1部屋あたり
  ㊁1 phòng
  モッ フォン

- 前金
  ㊁đặt cọc
  ダッ コック

150

- サービス料
  名 phí dịch vụ
  フィー ジック ヴ

- 別料金
  名 tính riêng
  ティン ジエン

- 現金で払う
  動 trả bằng tiền mặt
  チャ バン ティエン マッ

- クレジットカードで払う
  動 trả bằng thẻ tín dụng
  チャ バン テー ティン ズン

- 延泊する
  動 ở thêm
  オー テム

- 朝食
  名 bữa sáng
  ブア サン

- 夕食
  名 bữa tối
  ブア トイ

- 1階(北部)
  名 tầng 1
  タン モッ

- 1階(南部)
  名 tầng trệt
  タン チェッ

- 2階(北部)
  名 tầng 2
  タン ハイ

- 2階(南部)
  名 lầu 1
  ラウ モッ

- 3階(北部)
  名 tầng 3
  タン バー

- 3階(南部)
  名 lầu 2
  ラウ ハイ

- サウナ
  名 phòng xông hơi
  フォン ソン ホイ

- トレーニングジム
  名 phòng tập thể dục
  フォン タップ テー ズック

- プール
  名 bể bơi
  ベー ボイ

宿泊編

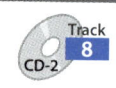

- コーヒーラウンジ
  图nhà hàng cà phê
  ニャ ハン カー フェー

- 会議室
  图phòng họp
  フォン ホップ

- インターネットを使う
  動dùng internet
  ズン インタネッ

- ファックスを送る
  動gửi FAX
  グイ ファック

- 部屋を替える
  動đổi phòng
  ドイ フォン

- 国際電話をかける
  動gọi điện thoại quốc tế
  ゴイ ディエン トアイ クオック テー

- 地図
  图bản đồ
  バン ドー

- ホテルの部屋
  图phòng khách sạn
  フォン カイック サン

- 部屋のカギ
  图khóa phòng
  コア フォン

- ドライヤー
  图máy sấy tóc
  マイー セイー トック

- テレビ
  图ti vi
  ティ ヴィ

- エアコン
  图điều hòa nhiệt độ
  ディエウ ホア ニエッ ド

- ライト
  图đèn
  デン

- 冷蔵庫
  图tủ lạnh
  トゥー ライン

- ポット
  图ấm nước
  アム ヌオック

- 目覚まし時計
  图đồng hồ báo thức
  ドン ホー バオ トゥック

- ベッド
  名giường
  ズオン

- 枕
  名gối
  ゴイ

- 毛布
  名chăn
  チャン

- シーツ
  名trải giường
  チャイ ズオン

- バスルーム
  名phòng tắm
  フォン タム

- 洗面台
  名bồn rửa mặt
  ボン ズア マッ

- シャワー
  名vòi sen
  ヴォイ セン

- バスタブ
  名bồn tắm
  ボン タム

- シャンプー
  名dầu gội
  ザウ ゴイ

- コンディショナー
  名dầu xả
  ザウ サー

- 歯ブラシ
  名bàn chải đánh răng
  バン チャイ ダイン ザン

- 歯磨き粉
  名kem đánh răng
  ケム ダイン ザン

- 鏡
  名gương
  グオン

- くし
  名lược
  ルオック

- タオル
  名khăn
  カン

- フレンチトースト
  名bánh mỳ tẩm trứng
  バイン ミー タム チュン

- お粥
  名cháo
  チャオ

- 目玉焼き
  名trứng ốp lết
  チュン オップ レッ

飲食編

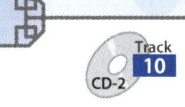

- ☐ 予約をする
  - (動)đặt trước
  - ダッ チュオック
- ☐ 予約をしていない
  - (動)chưa đặt trước
  - チュア ダッ チュオック
- ☐ 何名様
  - (名)mấy người
  - メイー グオイ
- ☐ 2名
  - (名)2 người
  - ハイ グオイ
- ☐ 4名
  - (名)4 người
  - ボン グオイ
- ☐ 禁煙席
  - (名)chỗ không hút thuốc
  - チョ コン フッ トゥオック
- ☐ 喫煙席
  - (名)chỗ được hút thuốc
  - チョ ドゥオック フッ トゥオック
- ☐ 待つ
  - (動)đợi
  - ドイ
- ☐ 注文する
  - (動)gọi món
  - ゴイ モン
- ☐ 食べる
  - (動)ăn
  - アン
- ☐ 飲む
  - (動)uống
  - ウオン
- ☐ ベトナム料理
  - (名)món ăn Việt Nam
  - モン アン ヴィエッ ナム
- ☐ 宮廷料理
  - (名)món ăn cung đình
  - モン アン クン ディン
- ☐ メニュー
  - (名)thực đơn
  - トゥック ドン
- ☐ 日本語のメニュー
  - (名)thực đơn tiếng Nhật
  - トゥック ドン ティエン ニャッ
- ☐ 英語のメニュー
  - (名)thực đơn tiếng Anh
  - トゥック ドン ティエン アイン
- ☐ ドリンクメニュー
  - (名)thực đơn đồ uống
  - トゥック ドン ドー ウオン
- ☐ 生ビール
  - (名)bia tươi
  - ビア トゥオイ

すぐに使えるベトナム語旅単語 500

- 瓶ビール
  名 bia chai
  ビア チャイ

- 缶ビール
  名 bia lon
  ビア ロン

- サトウキビジュース
  名 nước mía
  ヌオック ミア

- パッションフルーツジュース
  名 nước chanh leo
  ヌオック チャイン レオ

- ココナッツジュース
  名 nước dừa
  ヌオック ズア

- 生春巻き
  名 gỏi cuốn
  ゴイ クオン

- 揚げ春巻き
  名 nem rán(北部)/chả giò(南部)
  ネム ザーン　　チャ ゾー

- ホワイトローズ
  名 bánh bông hồng trắng
  バイン ボン ホン チャン

- カオラウ
  名 cao lầu
  カオ ラウ

- 空芯菜のサラダ
  名 nộm rau muống
  ノム ザウ ウオン

- ウナギの春雨スープ
  名 miến lươn
  ミエン ルオン

- カニの甘酸っぱいスープ
  名 canh cua
  カイン クア

- 牛肉のセロリ炒め
  名 bò xào cần tây
  ボー サオ カン テイー

- 牛肉のパイナップル炒め
  名 bò xào dứa
  ボー サオ ズア

- 鶏肉のレモン葉蒸し
  名 gà hấp lá chanh
  ガー ハップ ラー チャイン

- 豚スペアリブの甘酸っぱい炒め
  名 sườn sốt chua ngọt
  スオン ソッ チュア ゴッ

飲食編

- 豚肉のココナッツジュース蒸し
  - 名 thịt kho nước dừa
  - ティッ コ ヌオック ズア

- 海老のタリマンド炒め
  - 名 tôm rang me
  - トム ザン メー

- イカのセロリ炒め
  - 名 mực xào cần tây
  - ムック サオ カン テイー

- イカの一夜干し焼き
  - 名 mực một nắng nướng
  - ムック モッ ナン ヌオン

- 魚の土鍋煮
  - 名 cá kho tộ
  - カー コー トー

- タニシの生姜蒸し
  - 名 ốc hấp gừng
  - オック ハップ グン

- 青パパイヤのサラダ
  - 名 nộm đu đủ
  - ノム ドゥー ドゥー

- ハヤトウリの新芽のニンニク炒め
  - 名 ngọn su su xào tỏi
  - ゴン スー スー サオ トイ

- ツルムラサキのスープ
  - 名 canh mồng tơi
  - カイン モン トイ

- ゴーヤの肉詰めスープ
  - 名 canh khổ qua nhồi thịt
  - カイン コー クア ニョイ ティッ

- シジミのスープ
  - 名 canh hến
  - カイン ヘン

- 香草
  - 名 rau thơm
  - ザウ トム

- 牛肉のフォー
  - 名 phở bò
  - フォー ボー

- 鶏肉のフォー
  - 名 phở gà
  - フォー ガー

- 魚揚げのビーフン
  - 名 bún cá
  - ブン カー

- ブンタン
  - 名 bún thang
  - ブン タン

- 豚足のビーフン
  - 名 bún chân giò
  - ブン チャン ジョー

- カニのスープのうどん
  - 名 bánh đa cua
  - バイン ダー クア

- 鴨の春雨スープ
  - 名 miến ngan
  - ミエン ガン

- 鶏肉のご飯
  - 名 cơm gà
  - コム ガー

- チャーハン
  - 名 cơm rang (北部)/cơm chiên (南部)
  - コム ザン　　　　コム チエン

- お焦げのご飯
  - 名 cơm cháy
  - コム チャイー

- ウナギのお粥
  - 名 cháo lươn
  - チャオ ルオン

- ピーナツのおこわ
  - 名 xôi lạc
  - ソイ ラック

- 緑豆と揚げネギをまぶしたおこわ
  - 名 xôi xéo
  - ソイ セオ

- 豚肉と卵のおこわ
  - 名 xôi trứng thịt
  - ソイ チュン ティッ

- アボガドのシントー
  - 名 sinh tố bơ
  - シン トー ボー

- パパイヤのシントー
  - 名 sinh tố đu đủ
  - シン トー ドゥー ドゥー

- マンゴーのシントー
  - 名 sinh tố xoài
  - シン トー ソアイ

- スイカのシントー
  - 名 sinh tố dưa hấu
  - シン トー ズア ハウ

- ドリアンのシントー
  - 名 sinh tố sầu riêng
  - シン トー サウ ジエン

- ドラゴンフルーツのシントー
  - 名 sinh tố thanh long
  - シン トー タン ロン

飲食編

- [ ] ミックスチェー
  名 chè thập cẩm
  チェ タップ カム

- [ ] さつま芋のチェー
  名 chè khoai lang
  チェ コアイ ラン

- [ ] ザボンのチェー
  名 chè bưởi
  チェ ブオイ

- [ ] フエのチェー
  名 chè Huế
  チェ フエ

- [ ] 緑豆のチェー
  名 chè đậu xanh
  チェ ダウ サイン

- [ ] 黒豆のチェー
  名 chè đậu đen
  チェ ダウ デン

- [ ] トウモロコシのチェー
  名 chè bắp
  チェ バップ

- [ ] ハスの実のチェー
  名 chè hạt sen
  チェ ハッ セン

- [ ] ロンガンのチェー
  名 chè nhãn
  チェ ニャン

- [ ] 海藻寒天のチェー
  名 chè thạch dừa
  チェ タイック ズア

- [ ] 揚げバナナ
  名 chuối chiên
  チュオイ チエン

- [ ] ベトナム風ドーナツ
  名 bánh rán
  バイン ザン

- [ ] クラッシュアイスと混ぜたヨーグルト
  名 sữa chua đánh đá
  スア チュア ダイン ダー

- [ ] 黒いもち米の入っているヨーグルト
  名 sữa chua nếp cẩm
  スア チュア ネップ カム

- [ ] ホットブラックコーヒー
  名 cà phê đen nóng
  カー フェー デン ノン

- [ ] アイスミルクコーヒー
  名 cà phê sữa đá / nâu đá
  カー フェー スア ダー　ナウ ダー

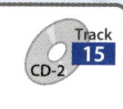

すぐに使えるベトナム語旅単語 500

- □ パテのバインミー
  名 **bánh mì pa-tê**
  バイン ミー パテ

- □ ビーフシチューのバインミー
  名 **bánh mì sốt vang**
  バイン ミー ソッ ヴァン

- □ おいしい
  形 **ngon**
  ゴン

- □ とてもおいしい
  形 **rất ngon**
  ザット ゴン

- □ おいしくない
  形 **không ngon**
  コン ゴン

- □ 辛い
  形 **cay**
  カイー

- □ 甘い
  形 **ngọt**
  ゴッ

- □ すっぱい
  形 **chua**
  チュア

- □ しょっぱい
  形 **mặn**
  マン

- □ 脂っこい
  形 **nhiều mỡ**
  ニイエウ モー

- □ 味が濃い
  形 **đậm**
  ダム

- □ 味が薄い
  形 **nhạt**
  ニャッ

- □ 炒めもの
  名 **món xào**
  モン サオ

- □ 揚げもの
  名 **món rán**
  モン ザン

- □ 和えもの
  名 **món trộn**
  モン チョン

- □ 焼いたもの
  名 **món nướng**
  モン ヌオン

飲食編

- [ ] ゆでたもの
    名 món luộc
    モン ルオック

- [ ] 蒸したもの
    名 món hấp
    モン ハップ

- [ ] 火が通っていない
    形 chưa chín
    チュア チン

- [ ] やわらかい
    形 mềm
    メム

- [ ] 乾杯
    名 dô
    ゾー

- [ ] 注文していない
    動 chưa gọi món
    チュア ゴイ モン

- [ ] 一緒に払う
    動 trả chung
    チャ チュン

- [ ] 別々に払う
    動 trả riêng
    チャ ジエン

- [ ] ウェイター
    名 bồi bàn nam
    ボイ バン ナム

- [ ] ウェイトレス
    名 bồi bàn nữ
    ボイ バン ヌー

- [ ] フォーク
    名 nĩa
    ニア

- [ ] スプーン
    名 thìa
    ティア

- [ ] 箸
    名 đũa
    ドゥア

- [ ] グラス
    名 li
    リー

- [ ] 調味料
    名 gia vị
    ザー ヴィ

- [ ] ナプキン
    名 khăn ăn
    カン アン

ショッピング編

- [ ] 市場
  名 chợ
  チョ

- [ ] デパート
  名 trung tâm thương mại
  チュン タム トゥオン マイ

- [ ] スーパーマーケット
  名 siêu thị
  シエウ テイ

- [ ] コンビニ
  名 cửa hàng tiện ích
  クア ハン ティエン イック

- [ ] 薬局
  名 cửa hàng thuốc
  クア ハン トゥオック

- [ ] 免税店
  名 cửa hàng miễn thuế
  クア ハン ミエン トゥエ

- [ ] 食料品店
  名 cửa hàng thực phẩm
  クア ハン トゥック ファム

- [ ] 靴屋
  名 cửa hàng giầy dép
  クア ハン ジェイー ゼップ

- [ ] カバン屋
  名 cửa hàng túi xách
  クア ハン トゥイ サイック

- [ ] 宝石店
  名 cửa hàng trang sức
  クア ハン チャン スック

- [ ] お土産屋
  名 cửa hàng đồ lưu niệm
  クア ハン ドー ルウ ニエム

- [ ] 陶器のお店
  名 cửa hàng đồ gốm
  クア ハン ドー ゴム

- [ ] シルクのお店
  名 cửa hàng lụa
  クア ハン ルア

- [ ] アオザイのお店
  名 cửa hàng may áo dài
  クア ハン マイー アオ ザイ

- [ ] 刺繍のお店
  名 cửa hàng đồ thêu
  クア ハン ドー テウ

- [ ] 雑貨のお店
  名 cửa hàng tạp hóa
  クア ハン タップ ホア

- [ ] ハス茶のお店
  名 cửa hàng trà sen
  クア ハン チャ セン

- [ ] 花屋
  名 cửa hàng hoa
  クア ハン ホア

ショッピング編

- □ Tシャツ
  名 áo phông
  アオ フォン

- □ Yシャツ
  名 áo sơ mi
  アオ ソー ミー

- □ ブラウス
  名 áo sơ mi nữ
  アオ ソー ミー ヌー

- □ ズボン
  名 quần dài
  クアン ザイ

- □ 半ズボン
  名 quần sooc
  クアン ソック

- □ スカート
  名 chân váy
  チャン ヴァイー

- □ ワンピース
  名 váy liền
  ヴァイー リエン

- □ ジーンズ
  名 quần bò
  クアン ボー

- □ ジャケット
  名 áo khoác
  アオ コアック

- □ 赤色
  名 màu đỏ
  マウ ドー

- □ 黄色
  名 màu vàng
  マウ ヴァン

- □ 緑色
  名 màu xanh lá cây
  マウ サイン ラー ケイー

- □ 紺色
  名 màu xanh thẫm
  マウ サイン タム

- □ ピンク
  名 màu hồng
  マウ ホン

- □ オレンジ
  名 màu cam
  マウ カム

- □ 紫
  名 màu tím
  マウ ティム

- □ 黒
  名 màu đen
  マウ デン

- □ 白
  名 màu trắng
  マウ チャン

すぐに使えるベトナム語旅単語 500

Track 19

- □ Sサイズ
  - 名 cỡ S
  - コー エス

- □ Mサイズ
  - 名 cỡ M
  - コー エモー

- □ Lサイズ
  - 名 cỡ L
  - コー エル

- □ XLサイズ
  - 名 cỡ XL
  - コー エクスロー

- □ これより小さい
  - 形 nhỏ hơn
  - ニョ ホン

- □ これより大きい
  - 形 to hơn
  - トー ホン

- □ これより長い
  - 形 dài hơn
  - ザイ ホン

- □ これより短い
  - 形 ngắn hơn
  - ガン ホン

- □ これよりゆったりした
  - 形 rộng hơn
  - ゾン ホン

- □ これより細い
  - 形 bé hơn
  - ベー ホン

- □ 革
  - 名 da
  - ザー

- □ 綿
  - 名 bông
  - ボン

  (cốt-tôn コットン とも言います。)

- □ 絹
  - 名 lụa
  - ルア

- □ 麻
  - 名 lanh
  - ライン

- □ ナイロン
  - 名 ni lông
  - ニー ロン

- □ ポリエステル
  - 名 pôliester
  - ポリエストー

- □ Vネック
  - 名 cổ chữ V
  - コー チュー ヴェー

- □ 半袖
  - 名 ngắn tay
  - ガン タイー

163

ショッピング編

- □ ノースリーブ
  名 không tay áo
  コン タイー アオ

- □ スリット
  名 kiểu xẻ
  キエウ セー

- □ ハンドバッグ
  名 túi xách
  トゥイ サイック

- □ ボストンバッグ
  名 túi du lịch
  トゥイ ズー リック

- □ スーツケース
  名 va li
  ヴァ リー

- □ スニーカー
  名 giầy thể thao
  ジェイー テー タオ

- □ サンダル
  名 xăng đan
  サン ダン

- □ ハイヒール
  名 giầy cao gót
  ジェイー カオ ゴッ

- □ 指輪
  名 nhẫn
  ニャン

- □ ネックレス
  名 dây chuyền
  ゼイー チュイエン

- □ ピアス
  名 hoa tai
  ホア タイ

- □ アンクレット
  名 lắc chân
  ラック チャン

- □ 腕時計
  名 đồng hồ đeo tay
  ドン ホー デオ タイー

- □ 金
  名 vàng
  ヴァン

- □ 銀
  名 bạc
  バック

- □ パール
  名 ngọc trai
  ゴック チャイ

- □ 水晶
  名 thủy tinh
  トゥイー ティン

- □ 琥珀
  名 hổ phách
  ホー ファイック

- □ エメラルド
  - 名 ngọc lục bảo
  - ゴック ルック バオ

- □ ルビー
  - 名 hồng ngọc
  - ホン ゴック

- □ 財布
  - 名 ví
  - ヴィー

- □ 靴下
  - 名 tất
  - タッ

- □ ストッキング
  - 名 tất da chân
  - タッ ザー チャン

- □ スカーフ
  - 名 khăn quàng
  - カン クアン

- □ ハンカチ
  - 名 khăn mùi xoa
  - カン ムイ ソア

- □ 化粧水
  - 名 nước hoa hồng
  - ヌオック ホア ホン

- □ 日焼け止めクリーム
  - 名 kem chống nắng
  - ケム チョン ナン

- □ ファンデーション
  - 名 phấn phủ
  - ファン フー

- □ 口紅
  - 名 son
  - ソン

- □ リップクリーム
  - 名 dưỡng môi
  - ズオン モイ

- □ マニュキア
  - 名 sơn móng
  - ソン モン

- □ 香水
  - 名 nước hoa
  - ヌオック ホア

- □ 歯ブラシ
  - 名 bàn chải đánh răng
  - バン チャイ ダイン ザン

- □ 歯磨き粉
  - 名 kem đánh răng
  - ケム ダイン ザン

- □ 石けん
  - 名 xà phòng bánh
  - サー フォン バイン

- □ 洗顔フォーム
  - 名 sữa rửa mặt
  - スア ズア マッ

ショッピング編

- アオザイ
  - 名 áo dài
  - アオ ザイ

- ドンホー版画
  - 名 tranh Đông Hồ
  - チャイン ドン ホー

- バッチャン焼き
  - 名 gốm Bát Tràng
  - ゴム バッ チャン

- 少数民族の布
  - 名 vải thổ cẩm
  - ヴァイ トー カム

- いぐさでできたカバン
  - 名 túi cói
  - トゥイ コイ

- 水上人形劇の人形
  - 名 con rối
  - コン ゾイ

- ベトナム軍防暑帽
  - 名 mũ bộ đội
  - ムー ボ ドイ

- 編み笠
  - 名 nón lá
  - ノン ラー

- ベトナム製タバコ
  - 名 thuốc lá Việt Nam
  - トゥオック ラー ヴィエッ ナム

- 刺繍絵
  - 名 tranh thêu
  - チャイン テウ

- 漆絵
  - 名 tranh sơn mài
  - チャイン ソン マイ

- コーヒー豆
  - 名 cà phê hạt
  - カー フェー ハッ

- インテリア雑貨
  - 名 tạp hóa nội thất
  - タップ ホア ノイ タッ

- 陶磁器
  - 名 đồ gốm sứ
  - ドー ゴム スー

- セラドン(青磁)
  - 名 đồ sứ xanh
  - ドー スー サイン

- 白磁
  - 名 đồ sứ trắng
  - ドー スー チャン

- 安南染
  - 名 hoa lam
  - ホア ラム

- 紅安南
  - 名 hoa đỏ
  - ホア ドー

- ☐ 茶器
  - 名 ấm chén
  - アム チェン

- ☐ 皿
  - 名 đĩa
  - ディア

- ☐ 湯のみ
  - 名 chén
  - チェン

- ☐ お椀
  - 名 bát
  - バッ

- ☐ 花刺繍
  - 名 thêu hoa
  - テウ ホア

- ☐ ビーズ製品
  - 名 đồ cườm
  - ドー クオム

- ☐ シルク製品
  - 名 đồ tơ tằm (đồ lụa ドー ルア とも言います。)
  - ドー トー タム

- ☐ ハンカチ
  - 名 khăn mùi xoa
  - カン ムイ ソア

- ☐ 巾着
  - 名 túi rút
  - トゥイ ズッ

- ☐ ポーチ
  - 名 ví
  - ヴィ

- ☐ キャンドル
  - 名 nến
  - ネン

- ☐ お香立て
  - 名 bát hương
  - バッ フオン

- ☐ クッション
  - 名 vỏ gối tựa lưng
  - ヴォー ゴイ トゥア ルン

- ☐ 扇子
  - 名 quạt giấy
  - クアッ ジェイー

- ☐ 生地
  - 名 vải
  - ヴァーイ

- ☐ 仮縫い
  - 名 thử
  - トゥ

観光編

- 地図
  - 名 bản đồ
  - バン ドー
- 市内観光ツアー
  - 名 tua du lịch thành phố
  - トゥア ズー リック タイン フォー
- ハノイ
  - 名 Hà Nội
  - ハ ノイ
- ハイフォン
  - 名 Hải Phòng
  - ハイ フォン
- フエ
  - 名 Huế
  - フエ
- ダナン
  - 名 Đà Nẵng
  - ダー ナン
- ホイアン
  - 名 Hội An
  - ホイ アン
- ダラット
  - 名 Đà Lạt
  - ダー ラッ
- ニャチャン
  - 名 Nha Trang
  - ニャ チャン
- サパ
  - 名 Sapa
  - サパ
- ヴンタウ
  - 名 Vũng Tàu
  - ヴン タウ
- ホーチミン市
  - 名 Thành phố Hồ Chí Minh
  - タイン フォ ホー チー ミン
- 水上生活体験ツアー
  - 名 tua xem cuộc sống trên sông
  - トゥア セム クオック ソン チェン ソン
- 伝統音楽ショー
  - 名 nhạc truyền thống
  - ニャック チュイエン トーン
- 水上人形劇
  - 名 múa rối nước
  - ムア ゾイ ヌオック
- 還剣湖
  - 名 Hồ Hoàn Kiếm
  - ホー ホアン キエム
- オペラハウス
  - 名 Nhà hát lớn
  - ニャ ハッ ロン
- 大教会
  - 名 Nhà thờ lớn
  - ニャ ト ロン

- ドンスアン市場
  - Chợ Đồng Xuân
  - チョ ドン スアン

- ホーチミン廟
  - lăng Hồ Chí Minh
  - ラン ホー チー ミン

- 一柱寺
  - Chùa một cột
  - チュア モッ コッ

- バディン広場
  - Quảng trường Ba Đình
  - クアン チュオン バ ディン

- 文廟
  - Văn Miếu
  - ヴァン ミエウ

- テイー湖
  - Hồ Tây
  - ホー テイー

- ハロン湾
  - Vịnh Hạ Long
  - ヴィン ハ ロン

- バッチャン村
  - Bát Tràng
  - バッ チャン

- タムコック
  - Tam Cốc
  - タム コック

- フォン寺
  - Chùa Hương
  - チュア フォン

- ベトナム歴史博物館
  - Bảo tàng lịch sử Việt Nam
  - バオ タン リック スー ヴィエッ ナム

- ホーチミン博物館
  - Bảo tàng Hồ Chí Minh
  - バオ タン ホー チー ミン

- 軍事博物館
  - Bảo tàng quân đội
  - バオ タン クアン ドイ

- 空軍博物館
  - Bảo tàng không quân
  - バオ タン コン クアン

- ベトナム美術館
  - Bảo tàng Mĩ thuật Việt Nam
  - バオ タン ミー トゥアッ ヴィエッ ナム

- ベトナム女性博物館
  - Bảo tàng phụ nữ Việt Nam
  - バオ タン フー ヌー ヴィエッ ナム

- フォンニャケバン国立公園
  - Phong Nha Kẻ Bàng
  - フォン ニャ ケ バン

- フエ古都遺跡群
  - Quần thể di tích Cố đô Huế
  - クアン テ ジ ティック コ ド フエ

観光編

- [ ] フオン川
  - 名 Sông Hương
  - ソン フオン

- [ ] フエ宮廷美術博物館
  - 名 Bảo tàng mỹ thuật cung đình Huế
  - バオ タン ミー トァック クン ディン フエ

- [ ] ハン川
  - 名 sông Hàn
  - ソン ハン

- [ ] ミーソン遺跡
  - 名 Mĩ Sơn
  - ミー ソン

- [ ] ミーケービーチ
  - 名 Biển Mỹ Khê
  - ビエン ミー ケー

- [ ] チャム彫刻博物館
  - 名 Bảo tàng điêu khắc Chàm
  - バオ タン ディエウ カック チャム

- [ ] 貿易陶磁博物館
  - 名 Bảo tàng Gốm sứ Mậu dịch
  - バオ タン ゴム スー マウ ジック

- [ ] 聖母マリア教会
  - 名 Nhà thờ Đức Mẹ
  - ニャ トー ドゥック メー

- [ ] ベンタイン市場
  - 名 chợ Bến Thành
  - チョ ベン タイン

- [ ] ホーチミン市民（人民）委員会会堂
  - 名 Tòa nhà Ủy ban nhân dân thành phố HCM
  - トア ニャー ウイー バン ニャン ザン タイン フォー ホー チー ミン

- [ ] ドンコイ通り
  - 名 Đường Đồng Khởi
  - ドゥオン ドン コイ

- [ ] 華人街 チョロン
  - 名 Chợ Lớn
  - チョ ロン

- [ ] 統一会堂
  - 名 Dinh thống nhất
  - ジン トン ニャッ

- [ ] サイゴン港
  - 名 Cảng Sài Gòn
  - カン サイ ゴン

- [ ] 中央郵便局
  - 名 Bưu điện thành phố
  - ブウ ディエン タイン フォー

- [ ] クチ
  - 名 Củ Chi
  - クー チー

- [ ] メコンデルタ
  - 名 Đồng bằng sông Cửu Long
  - ドン バン ソン クウ ロン

- [ ] 戦争証跡博物館
  - 名 Bảo tàng chứng tích chiến tranh
  - バオ タン チュン ティック チエン チャイン

- 館内案内
  - 名 quầy hướng dẫn
  - クエイー フオン ザン

- 日本語のパンフレット
  - 名 tờ hướng dẫn tiếng Nhật
  - トー フオン ザン ティエン ニャッ

- チケット売り場
  - 名 quầy bán vé
  - クエイー バン ヴェー

- 入場料
  - 名 vé vào cửa
  - ヴェー ヴァオ クア

- 大人1枚
  - 名 1 vé người lớn
  - モッ ヴェ グオイ ロン

- 子供1枚
  - 名 1 vé trẻ em
  - モッ ヴェ チェ エム

- 写真
  - 名 ảnh
  - アイン

- タクシー
  - 名 tắc xi
  - タック シー

- 車
  - 名 ô tô
  - オ ト

- バス
  - 名 xe buýt
  - セ ブイッ

- バイク
  - 名 xe máy
  - セ マイー

- 自転車
  - 名 xe đạp
  - セ ダップ

- 交差点
  - 名 ngã tư
  - ガー トゥー

- 信号
  - 名 đèn giao thông
  - デーン ザオ トーン

- バス停
  - 名 bến xe buýt
  - ベン セ ブイッ

- 交番
  - 名 đồn công an
  - ドン コン アン

- 郵便局
  - 名 bưu điện
  - ブウ ディエン

- ポスト
  - 名 thùng thư
  - トゥン トゥー

アクティビティ編

- ☐ 水上人形劇のチケット
  - 名 vé xem múa rối nước
  - ヴェー セム ムア ゾイ ヌオック
- ☐ 宮廷舞踊のチケット
  - 名 vé xem múa cung đình
  - ヴェー セム ムア クン ディン
- ☐ 宮廷歌のチケット
  - 名 vé xem hát cung đình
  - ヴェー セム ハッ クン ディン
- ☐ コンサートのチケット
  - 名 vé xem hòa nhạc
  - ヴェー セム ホア ニャック
- ☐ ディナーショーのチケット
  - 名 vé ăn tối xem biểu diễn nghệ thuật
  - ヴェー アン トイ セム ビエウ ジエン ゲー トゥアッ
- ☐ カチュのチケット
  - 名 vé xem ca trù
  - ヴェー セム カー チュー
- ☐ 映画のチケット
  - 名 vé xem phim
  - ヴェー セム フィム
- ☐ 当日券
  - 名 vé trong ngày
  - ヴェー チョン ガイー
- ☐ 割引券
  - 名 vé giảm giá
  - ヴェー ザム ジャ
- ☐ 前売り券
  - 名 vé bán trước
  - ヴェー バン チュオック
- ☐ 水泳
  - 名 bơi
  - ボイ
- ☐ 卓球
  - 名 bóng bàn
  - ボン バン
- ☐ ビリヤード
  - 名 bi-da
  - ビーザー
- ☐ テニス
  - 名 ten-nít
  - テンニッ
- ☐ テニスラケット
  - 名 vợt ten-nít
  - ヴォッ テンニッ
- ☐ テニスボール
  - 名 bóng ten-nít
  - ボン テンニッ
- ☐ サイクリング
  - 名 đi xe đạp
  - ディー セー ダップ
- ☐ 登山
  - 名 leo núi
  - レオ ヌイ

- 釣り
  - 名 câu cá
  - カウ カー
- ボーリング
  - 名 bowling
  - ボーリン
- バドミントン
  - 名 cầu lông
  - カウ ロン
- バレーボール
  - 名 bóng chuyền
  - ボン チュイエン
- バスケットボール
  - 名 bóng rổ
  - ボン ゾー
- ゴルフ
  - 名 gôn
  - ゴン
- ゴルフクラブ
  - 名 gậy gôn
  - ガイー ゴン
- ゴルフボール
  - 名 bóng gôn
  - ボン ゴン
- ゴルフ練習所
  - 名 sân tập gôn
  - サン タップ ゴン

- 自転車貸出し所
  - 名 nơi cho thuê xe đạp
  - ノイ チョ トゥエ セー ダップ
- 休息所
  - 名 nơi giải lao
  - ノイ ザイ ラオ
- 更衣室
  - 名 phòng thay đồ
  - フォン タイー ドー
- シャワー室
  - 名 phòng tắm
  - フォン タム
- キャンプ
  - 名 cắm trại
  - カム チャイ
- ハイキング
  - 名 đi bộ đường dài
  - ティ ボ ドゥオン ザイ
- レンタル代
  - 名 tiền thuê
  - ティエン トゥエ
- 初心者
  - 名 người mới chơi
  - グオイ モイ チョイ
- 上級者
  - 名 người chơi giỏi
  - グオイ チョイ ジョイ

トラブル編

- 緊急事態
  名 tình trạng khẩn cấp
  ティン チャン カン カップ

- スリ
  名 móc túi
  モック トゥイ

- 強盗
  名 cướp
  クオップ

- 詐欺
  名 lừa đảo
  ルア ダオ

- お金
  名 tiền
  ティエン

- クレジットカード
  名 thẻ tín dụng
  テー ティン ズン

- 日本大使館
  名 đại sứ quán Nhật Bản
  ダイ ス クアン ニャッ バン

- 緊急救命センター
  名 trung tâm cấp cứu
  チュン タム カップ クウ

- 総合病院
  名 bệnh viện đa khoa
  ベン ヴィエン ダ コア

- 医者
  名 bác sĩ
  バック シー

- 歯医者
  名 nha sĩ
  ニャ シー

- 日本語を話す医者
  名 bác sĩ nói được tiếng Nhật
  バッ シー ノイ ドゥオック ティエン ニャッ

- 看護師
  名 y tá
  イー ター

- 注射
  名 tiêm
  ティエム

- 点滴
  名 truyền dịch
  チュイエン ジック

- 手術
  名 phẫu thuật
  ファウ トゥアッ

- 血液型
  名 nhóm máu
  ニョム マウ

- めまいがする
  動 chóng mặt
  チョン マッ

すぐに使えるベトナム語旅単語500

- □ だるい
  - 名 mệt mỏi
  - メッ モイ

- □ 吐き気
  - 名 buồn nôn
  - ブオン ノン

- □ 寒気がする
  - 名 ớn lạnh
  - オン ライ

- □ 頭痛
  - 名 đau đấu
  - ダウ ダウ

- □ 熱
  - 名 sốt
  - ソッ

- □ 喉の痛み
  - 名 đau họng
  - ダウ ホン

- □ 歯痛
  - 名 đau răng
  - ダウ ザン

- □ 糖尿病
  - 名 tiểu đường
  - ティエウ ドゥオン

- □ 二日酔い
  - 名 say 2 ngày
  - サイー ハイ ガイー

- □ 食中毒
  - 名 ngộ độc thức ăn
  - ゴ ドゥック トゥック アン

- □ 発作
  - 名 phát bệnh
  - ファッ ベイン

- □ 喘息
  - 名 hen
  - ヘン

- □ 捻挫
  - 名 bong gân
  - ボン ガン

- □ 骨折
  - 名 gãy xương
  - ガイー スオン

- □ 胃腸炎
  - 名 viêm dạ dày
  - ヴィエム ザ ザイー

- □ 解熱剤
  - 名 thuốc giảm sốt
  - トゥオック ジャム ソッ

- □ 鎮痛剤
  - 名 thuốc giảm đau
  - トゥオック ザム ダウ

- □ 抗生物質
  - 名 thuốc kháng sinh
  - トゥオック カン シン

●著者紹介

ライ・テイ・フーン・ニュン　LAI THI PHUONG NHUNG

　　財政学院大学（ベトナム、ハノイ市）卒業。一橋大学大学院経済学研究科・修士課程修了。一橋大学大学院経済学研究科・博士課程在学中。
　　一橋大学のベトナム語講座のティーチング・アシスタント、慶応義塾外国語学校、アジア文化会館（ABK）、ディラ国際語学アカデミー（DILA）、東西文化言語研究センター、日本ベトナム友好協会などでベトナム語講師や通訳・翻訳を務める。
　　専攻は、経済学・財政学・金融。
　　監修書に『バッチリ話せるベトナム語』（三修社）がある。

カバーデザイン	滝デザイン事務所
本文デザイン／DTP	ポイントライン
カバー・本文イラスト	サカタルージ
校正／編集協力	鷲頭小弓

単語でカンタン！　旅行ベトナム語会話

平成24年（2012年）11月10日発売　初版第1刷発行

著　　者	ライ・テイ・フーン・ニュン
発 行 人	福田富与
発 行 所	有限会社　Jリサーチ出版
	〒166-0002　東京都杉並区高円寺北 2-29-14-705
	電　話 03(6808)8801(代)　FAX 03(5364)5310
	編集部 03(6808)8806
	http://www.jresearch.co.jp
印 刷 所	(株)シナノ パブリッシング プレス

ISBN978-4-86392-120-7　禁無断転載。なお、乱丁・落丁はお取り替えいたします。
© 2012 Lai Thi Phuong Nhung All rights reserved.